教科力シリーズ

小学校理科

石井恭子 編著

玉川大学出版部

はじめに

　小学校の教員の半数以上が,「理科を教えることが苦手」という調査結果(「平成22年度小学校理科教育実態調査報告書」科学技術振興機構)が出ています。その理由として一番多いものは自ら理科が苦手だった,よく理解できなかった,というものです。小学校でも,ガスバーナーを使ったり薬品を使ったりする実験がありますが,そうした実験を教えるための,実験の経験がないという理由もよく挙げられます。高校のときも文科系の学生として,理科の科目は履修していなかったうえに,大学でもほとんど理科を学ばずに教壇に立つとしたら,それは不安でならないことでしょう。

　しかし,小学校の理科は,身の回りにある自然や現象に密接にかかわっている内容がとても多いのです。「理科が苦手」という人も,毎日の生活では科学と触れ合っています。教員になる皆さん自身が,身の回りの自然現象や科学に関心を持ち,教科としての理科の学習内容を日常的な世界とつなぐことができれば,理科の学習はとても楽しく有意義なものになるでしょう。

　たとえば,朝起きて顔を洗うとき,蛇口をひねります。蛇口の取っ手は,てこの原理が使われています。お茶やコーヒーを入れるためにお湯を沸かすでしょう。沸騰した,とどうやって判断しているでしょうか? 顔や髪を洗う洗剤にも,最近は「酸性」や「中性」などと表示があるでしょう。観光地に出かければ,山や渓谷の景色を眺めたり,温泉に入ったりするでしょう。毎日の天気を気にして空を見上げたり,きれいな星空や月を眺めたりすることから,何でだろう? どうなっているのだろう? と興味を持つことから科学が始まります。

　このように,小学校の理科は,身の回りの世界を少しだけ科学の目で見ることによって,科学の入り口に子どもたちを招待する学習です。また,自分の目で観察し,体験し,測ったり比べたりすることによって,物事を科学的に考える力をつけることです。2011年3月11日に,日本は大きな地震に見舞

われました。現在のところ，人類が生きていけるのはこの地球だけです。その大地を作る物質も海も大気も，1つの地球の中で循環し続けているのです。その地球の自然とどのようにかかわっていくのか，自分の命や家族の命，地域の文化をどのように引き継いでいくのか，これからは，市民一人ひとりが科学的に考えることが求められていくでしょう。なぜなら，私たちの暮らしのあり方を個人や社会が決定するためには，科学的な根拠を示したり，地域や社会の合意が求められたりするからです。一人ひとりが科学的に考える市民となるために，小学校の理科の学習は大きな意味があります。よくわからないことをわからないままに，重要な決断を周りの人に合わせたり，考えずに誰かの言うとおりにするのではなく，自ら観察したりデータを取ったり，自分なりに理解するという姿勢は，小学校理科の授業で身につけることができるでしょう。

この教科力シリーズ『小学校理科』は，小学校で教員として知っておくべき科学の内容を物理・化学・生物・地学の分野別に構成しています。また，中学や高校で理科を教えながら，小学校の教員免許を取得しようとする皆さんにも，小学校の学習内容が，いかに複雑な現象を扱っているのか，考える機会としていただきたいと願っています。内容は，中学校・高等学校での学習内容を含んでいますが，小学校の理科の学習を入り口に，科学の世界に誘うことを目的としています。実験室や特別な器具がなくても自ら実験・観察を通して概念理解が進む実験も選んで紹介しました。読み進めるにあたり，実際に自分が経験して概念理解を実感してほしいと願っています。

2008（平成20）年度改訂の「小学校学習指導要領」より，小学校・中学校・高等学校の理科の学習内容の系統性が示されるようになりました。小学校で学ぶ各単元も，「エネルギー」「粒子」「生命」「地球」という縦の枠組みの中で示されています。しかし現実の自然現象は，その枠組みを超えて起きています。たとえば，お湯が沸く沸騰の現象は熱のエネルギーが与えられた粒子の動きを考えることによってより深く理解することができます。

まずは，読みやすいところから読み進め，科学の楽しさを味わってください。

石井恭子

目　次

はじめに　3

第1章　重さと質量──9
1　重さと質量　9
2　体積　12
3　密度　15

第2章　てこと力，ふりこと運動──22
1　てこの原理　22
2　力とつり合い　28
3　運動とふりこ　30

第3章　電気回路──34
1　電気を学ぶ意味　34
2　電気の通り道　36
3　電流とは何か　41
4　分かれ道のあるつなぎ方「並列つなぎ」　48

第4章　熱の移動と熱膨張──55
1　熱と温度　55
2　熱の伝わり方　60
3　熱膨張　62
4　いろいろな熱現象　67

第5章　物質の構成と原子・分子──71
1　物質のなかま　71
2　物質のもとは約110種類の元素　74

3　原子の構造で決まる物質の性質　　79

第6章　物質の状態変化──85
　　1　水の状態変化　　85
　　2　固体・液体・気体という3つの姿　　93

第7章　溶解・水溶液──98
　　1　溶解　　98
　　2　酸性とアルカリ性の水溶液　　104

第8章　燃焼・酸化・還元・化学変化──111
　　1　燃焼の仕組み　　111
　　2　酸化の仕組み　　116
　　3　化学反応　　120

第9章　生物の分類──123
　　1　生物の分類と系統　　123
　　2　原生生物界の生物　　127
　　3　菌界の生物　　128
　　4　植物界の生物　　129
　　5　動物界の生物　　135

第10章　植物のつくりとはたらき──143
　　1　植物の基本構造　　143
　　2　根のつくりとはたらき　　145
　　3　茎のつくりとはたらき　　146
　　4　葉のつくり　　149
　　5　花から種子へ　　151
　　6　光合成と呼吸　植物の栄養　　152

第11章　動物の体のつくりとはたらき──156
　　1　動物の定義と分類　　156
　　2　動物の体の仕組み　　158

第12章　地球と宇宙──170
　　1　地球に一番近い天体「月」　　170
　　2　地動説と天動説　　173

第13章　地球とその変動──184
　　1　岩石と地層　　184
　　2　地球の内部　　189

第14章　天気と気象──199
　　1　大気と気象現象　　199
　　2　天気　　207

第1章

重さと質量

　科学の学習で，物質の姿や動きについて考えるとき，一番基本となるのが，物質の質量や力である。しかし，科学の用語の中には日常に使っている用語と同じ言葉でありながら違う意味を持っていて混乱しやすいものが多い。本章では，重さや量など，日常的に使う用語と科学用語の意味を対比しながら学んでいく。説明文を読むだけでなく，なるべく具体的な実験も行い，測定して数値や表に表すことで，理解を深めてほしい。

キーワード

重さ　質量　重力　フックの法則　体積　容積　密度　浮力

1　重さと質量

(1) 重さと質量は同じか

　私たちは，いろいろなものの重さを測っている。毎日体重を測っている人もいるだろう。赤ちゃんの体重が5 kgになった，とか，今度の横綱は200 kgあるらしい，あるいは，普通郵便の料金は25 gまでが84円，50 g以内が94円など，重さは日常生活の中でよく使われている。

　日常生活で私たちがものを持って感じる「重い」や「重さ」とは，そのものが手を下向きに押し下げる力の感覚である。その感覚によって，その物体の重さ(質量)が大きいと認識している。

　重さを測るときは，体重計に乗ったり，はかりにものを乗せたりする。こ

のとき，実際に測っているのは下向きに押し下げる力の大きさである。それをkgやgという質量の単位で表示しているのである。てんびんも「重さ（質量）」を測る道具である。ただ，てんびんには，gやkgという目盛はない。てんびんは，すでに重さ（質量）がわかっているものと比べることで物の重さ（質量）を測る道具である。左右に乗せたものの重さが等しいときに，てんびんの棒が水平になるという仕組みである。このとき，乗せる物を横向きにしても縦向きにしても，重さは変わらない。また，物を付け加えたり取り除いたりしなければ，丸い塊にしても，細長くしても，バラバラにして細かく分けても，重さは変わらない。

体重計や上皿はかりの中には，ばねが入っていて，乗せたものが皿を下向きに押す力を測っている。また，ばねばかりでは，下向きにばねを引っ張る力を測っている。この下向きの力を重力と呼ぶ。科学の世界で厳密に言うと，**重さ**とは，この下向きの重力のことを指す。

ここで，科学用語を確認しておこう。日常生活で私たちが「重い」とか「重さ」と言うとき，その物が地球から引っ張られる「重力」，そのものの量を表す「質量」という2つの意味を区別しないで表している。重いものを持ってみて，重さを感じるとき，厳密には下向きの重力を感じているのだが，同時にその物体の質量が大きいと認識しているのである。

(2) 質量とは何か

物質そのものの量を，科学的には**質量**と呼ぶ。質量の単位はグラム(g)，キログラム(kg)，トン(t)などである。体重60kgの人は，体の質量が60kgである。体の質量とは，骨も筋肉も水分も合わせた合計である。たくさん食べ過ぎたときや，成長して体が大きくなると体重が増えるが，正確には体の質量が増えたということになる。逆に，減量したり運動してたくさん汗をかいたりしたあとは，体の質量は減る。質量は，そのものの量を表す量なので，どこの場所で測っても変わらない。

一方，地球上の物体が，地球に引っ張られる力の大

図1-1　ばねばかり

きさが重力である。重いものは，その分だけ大きな力で引っ張られているし，軽いものは小さな力で引っ張られている。測るものの大きさや形には関係なく，下向きに引っ張られている力の大きさが重力である。ばねばかりでは，ばねに吊るした物がばねを下に引っ張る力，体重計やはかりでは，物がお皿を下に押す力を測り，それをkgという質量の単位に置き換えて表示してある。地球上にいる限り，ものの質量に見合った重力が下向きに働いているので，重さと質量を区別しなくてもまったく困らないのである。しかし，科学を学ぶうえでは重さは重力を表す量であり，質量とは別の量であるため，区別して考える必要がある。

(3) 重さとは，重力のことである

　1968年に，人類がはじめて月面に降り立ったときの宇宙飛行士の映像を見たことがあるだろうか？　月面で歩くと，ふわーんふわーんと体が持ち上がり，体が軽くなっているように見える。月がものを引っ張る力は地球の6分の1といわれる。60 kgの体重の人は，月面上では約6分の1の力，つまり10 kgの人の地球上の力と等しい力でしか引っ張られていない。そのため，月面では，あたかも10 kgしかないような軽い体に感じるのである。体重計の目盛りも，10 kgになるだろう。ばねの伸びは，地球上で体重60 kgの人が体重

---

column　キログラム(kg)で測る力

　　握力や背筋力を測ったことがあるだろうか？　握力は，握力計を手でぎゅっと握って力の強さを測る。背筋力は，ばねを引っ張って背筋の力を測る。どちらも，力を測っているが，単位はkgで表す。厳密に言えば，力を量っているので，単位はkg重（キログラムじゅう）やニュートン（N）という力の単位になる。1 kg重は，1 kgの質量の物体が受ける重力の大きさである。また，1 Nは約100 gの物体を持つ力の大きさである。

　握力計などの中にはばねが入っている。ばねは，引っ張る力が大きいと伸びが長く，力が小さいと伸びが短い。ばねが伸びる長さはばねに加わる力の大きさに比例するという関係がある。この関係を発見したフック(1635-1703)にちなみ，これを**フックの法則**という。

計に乗って力を加えた場合に60kgを示すように調節してあるからである。月面で体重計に乗ると、そのばねを引っ張る力が小さくなるので、10kgの目盛りをさすのである。当たり前だが、本来の質量が6分の1になるわけではない。

厳密に言うと、地球上でも緯度によって重力は少し違う。地球の自転による遠心力の影響があるため、赤道付近では北極や南極付近よりも少しだけ重力は小さくなる。しかし、その違いは60kgの人で300g程度である。

質量は、その物体の量を表すが、重さは物体に働く重力を表している。正確には質量と重力は区別する必要がある。本書は科学を学ぶ本である。そのため、今後は「重さ」は使わず「質量」という言葉を使っていく。

2 体積

(1) 体積とは何か

体積とは、ものの大きさを表す量である。同じ箱であれば、中に重い本がぎっしり入っていても空箱でも、箱の大きさは変わらない。箱の中身が変わると質量は変わるが、箱の外側の大きさに違いはない。この、箱の大きさを示す量が体積である。小学校の算数では、体積を縦×横×高さで計算する。これは、物体が直方体のときの式である。しかし、どのような形であっても、そのものが占める空間の大きさが体積である。荷物がかさばる、と言うときの「かさ」は体積のことを表す。

水やお茶など、そのものの大きさを直接測ることができないものにも体積はある。液体は、計量カップやメスシリンダーなどに入れて、目盛りを読むことで体積を調べている。水筒に、**容積**と書かれていることがあるが、容積とは、水筒そのものの外側の体積ではなく、内側の空間の体積のことである。

また、卵や石など、縦と横と高さを測って直接体積を調べることができないものも、メスシリンダーなどを使って水に入れて測ることができる。

お風呂に入ると水面が上がるのを経験したことがあるだろう。元の水面と自分の体が入ったあとの水面を比べると、自分の体積分だけ水面が上がる。

この仕組みを生かすと、縦、横、高さの長さが測れない卵や石などの体積

を調べることができる。大きなメスシリンダーに水を入れ，その中に調べたいものを沈めると水面が上がる。始めの目盛りからどれだけ水面が上がったのかを調べてみれば，それが体積となる。大きなメスシリンダーがなければ，大きなコップとお鍋と計量カップで調べることもできる。

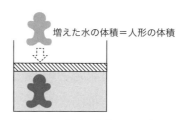

図1-2　人形の体積の調べ方

コップのふちまでいっぱい水を入れておき，コップからあふれた水の体積を調べればよい。

宅配便で測る荷物の大きさは？

小包や宅配便を送るとき，縦と横と高さの長さを足して荷物の大きさを決めている。この，縦と横と高さの長さの和は，体積と同じことだろうか？

まず，単位を考えてみよう。縦，横，高さの長さの和の単位はcmやmである。一方，直方体の体積は，縦×横×高さで求められるので，cm^3やm^3という単位である。それぞれ

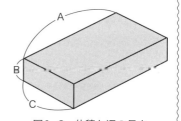

図1-3　体積と辺の長さ

の長さを加えたものと体積では，単位が違っている。

工作用紙や粘土などで一辺が1 cmの立方体を24個作ってさまざまな直方体を作ってみよう。一辺が1 cmの立方体が24個分であるから，どんな直方体でも，体積は24 cm^3となる。さまざまな直方体を作って，体積や3辺の長さの和を計算してみよう。

縦4列，横3列，高さ2段に積んだ場合，体積は，4×3×2＝24である。3つの辺の和は，4＋3＋2＝9になる。縦6列，横2列，高さ2段に積んだ場合，体積は6×2×2＝24である。3辺の和は，6＋2＋2＝10になる。もしも，縦6列，横4列，高さは1段で積むと，体積は6×4×1＝24，3辺の和は，6＋4＋1＝11となる。体積は24で等しいのに，辺の和は違っているのがわかるだろう。

(2) 体積の単位

体積には，どのような単位があるだろうか。台所に行って，体積を測る器具や体積の表示を探してみよう。科学の実験ではメスシリンダーを使うが，家庭にも計量カップ，計量スプーンなど体積を測る道具がある。

リットル表示は，液体についていることが多い。牛乳やジュースなどに書かれているミリリットル（mL）は，リットル（L）の千分の1のことであるから1000 mL＝1 Lである。ミリとは，千分の1という意味である。

1辺が1 cmの立方体の体積は1立方センチメートル（cm^3）である。立方メートル（$1 m^3$）は，1辺が1 mの立方体の体積であるため，$1 m^3$をcm^3の単位で換算すると100 cm×100 cm×100 cm＝1000000 cm^3となりとても大きな数値になってしまう。そのため，立方センチメートルと立方メートルの間の量を示す単位として，1000 cm^3であるリットルという単位が日常生活で多く使われている。1リットルの牛乳パックには，1 cm^3の牛乳がちょうど1000杯入ることになる。

また，料理で使う計量カップや計量スプーンに，cc（シーシー）という単位がついていることもある。ccは，Cubic Centimeterの頭文字からつけられたものであり，1辺が1 cmのキューブ（立方体）がいくつあるか，という意味である。和訳すると立方センチメートルでありcm^3と同じ意味になる。

日常的には3種類の単位が使い分けられているが，1 mL＝1 cm^3＝1 ccは，

---

column

質量や体積を表すさまざまな単位

質量を表す単位は，地域や時代によってさまざまに使い分けられている。海外では，ポンド（lb）やオンス（oz）も使われる。バターが450 gのパッケージで売られているのは，1ポンドの名残であるし，パウンドケーキという名前も，ケーキの材料である小麦粉・砂糖・バター・卵をそれぞれ1ポンド（パウンド）ずつ使って作られることから命名されている。食パンの1斤の斤も，もとは質量を表す日本古来の単位である。

お米やお酒などの体積も，日本古来の単位で1合，2合で測ることが多い。1合は，180 mLである。計量カップも料理用には200 mLのカップを使うが，お米用の1合カップの目盛りを見ると180 mLになっている。

等しい体積である。しかし，ccは，0（ゼロ）などと見間違いやすいことから化学の分野ではほとんど使われない。

（3）日常生活では体積と質量をどう使うか

体積と質量も，混同しやすい。日常生活では，私たちは体積と質量の両方を，「量」として使っているからである。ふだん，質量と体積をどのように使い分けているのだろうか？　日常的に使う量の単位を考えてみよう。

ステーキやお肉は，200 gや300 gなど質量の単位で買う。お米やジャガイモなども1 kg，5 kgなど質量で買う。お茶や牛乳はどうだろうか？　1 Lや2 L，あるいは500 mL，200 mLという表示である。ほかにも，ジュースやお酒，お酢やサラダオイルなどもmLだ。飲み物や，液体のものはリットル（L），ミリリットル（mL）表示が多い。液体の体積を測るには，計量カップやリットルますに入れればよい。一方，バターや砂糖などは，容器に入れて体積を測るよりも，はかりに乗せて重さを測るほうが楽に測れる。物質によって適した測り方がある。家庭では，お米やみそなどをどちらで測っているだろうか。

さまざまな調味料の体積と質量を測ってみよう。透明なプラスチックのコップを10個ほど，油性マジック，計量カップ，はかりを用意する。まず，コップの質量を測る。中身だけの質量を測るには，コップに入れて測ったあとコップの質量を引かなければならないからだ。水を100 mL測り取ってコップに入れ，水面に線を引く。その線まで入れれば，どんなものでも100 mLだ。調べたいものを100 mLの線まで入れてその質量を測ってみよう。

水100 mLはちょうど100 g，牛乳やお酒もだいたい100 gに近い。サラダオイル100 mLの重さは約90 gである。ケチャップ100 mLは約102 gである。サラダオイルは水より軽く，ケチャップは水より重い。同じ体積でも，質量は物質によって違うということがわかるだろう。

3　密度

（1）物質に固有の値――密度

鉄とアルミニウムを比べて，鉄は重い，アルミニウムは軽い，と言うこと

がある。このときの「重い」「軽い」という言葉にも気をつけなければいけない。「同じ体積で比べたとき」という条件が省略されているからである。

決まった体積あたりの質量を，**密度**という。密度という言葉から連想できるように，ぎゅっと詰まっている物質は密度が大きい。密度は，物質の性質を表す一つのものさしである。日常的に「鉛は重い」とか「鉄はアルミニウムより重い」というとき，重いという表現で，密度が大きいという意味を示している。

表1-1 物質の密度

物質	密度 (g/cm^3)
金	19.3
銀	10.5
銅	8.9
鉄	7.9
アルミニウム	2.7
チタン	4.5
コルク	0.22-0.26
大理石	1.52-2.86
牛乳	1.03-1.04
あまに油	0.91-0.94

表を見ると，金属でも金，銀，銅などは密度が大きく，アルミニウムやチタンは密度が小さいことがわかる。密度は，物質を$1\,cm^3$測り取ったときの質量であるから，アルミニウムで1センチメートル角のさいころを作ると体積が$1\,cm^3$で質量は2.7gとなる。同じ$1\,cm^3$でも，鉄は7.9g，銅は8.9gである。金は19.3gもある。大きな鉄でも小さな鉄でも鉄であれば密度は一定である。純粋な鉄であれば，鉄板でも鉄パイプでも$1\,cm^3$の重さは7.9gになる。密度は物質に固有の値であるため，正体がわからないものがあったとき，密度を調べることで，その物質が何かを知ることができる。

密度は，体積$1\,cm^3$測り取ったときの質量を表すので単位はg/cm^3である。これは$1\,cm^3$あたり〇gという意味である。/ の記号は「あたりの」という意味があり，cm^3の前には1が隠れていると考えるとよい。水は，$100\,cm^3$がちょうど100gだったので，水の密度は1 (g/cm^3) である。サラダオイル100 mLの質量は90g，ケチャップ100 mLの質量は102gであったのでサラダオイルの密度は$0.9\,g/cm^3$，ケチャップの密度は$1.02\,g/cm^3$ということになる。サラダオイルのように密度が1より小さい物質は，水に浮く。ドレッシングを作ると，水分と油分が分離して，水の上に油が浮いているのが見えるだろう。密度が小さいか大きいかで，浮くか沈むかが決まってくる。

(2) 浮力

　プールの中に入ると、体が軽くなるように感じる。海の中に入ると、プールよりももっと体が軽くなった感じがする。ふだんの空気中よりもプールの中、プールの中よりも海の中、の順に体が軽く感じる。これは、地球が私たちを引っ張る重力を少し打ち消すような、上向きの力が働いていることによる。この上向きの力を**浮力**と呼ぶ。空気中、真水の中、海水の中、という順に軽くなるように感じるということは、空気中、真水の中、海水の中の順に上向きの力が大きくなっていると考えることができるだろう。

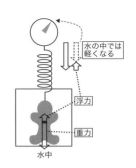

図1-4　浮力

　浮力の大きさは、私たちの体が入り込んだことによって押しのけられた物質の密度に応じて決まっていると考えることができる。押しのけられた物質は、空気、真水、塩水の順に重く（厳密には密度が大きく）なっているので、浮力は空気中、真水中、塩水中の順に大きくなる。浮力が大きいので、海水中では軽くなるのである。

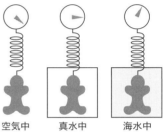

図1-5　海水中のほうがよく浮く

　中東に死海という湖がある。死海では、誰もが水面にプカプカ浮いてしまう。死海は、ふつうの海よりもずっと塩分が濃いので、浮力がとても大きいのである。

　鉄でできたとても重い船が水に浮くのも、浮力による。鉄の塊は、水よりも密度が大きいので水に沈むが、船は鉄の塊ではなく、内部に大きな空間があることで、たくさんの水を押しのけて、大きな浮力が働き、沈まないのである。

　アルミホイルで実験してみよう。アルミニウムの密度は$2.7\text{g}/\text{cm}^3$であるから、アルミニウムの塊なら

図1-6　鉄の船も浮く
　イラスト）　金子亮太

水に沈むはずである。アルミホイルを切って、そのまま水に差し込んでみると、アルミホイルは水に沈む。

しかし、このアルミホイルで船の形を作ってみると水に浮く。中に荷物を入れても浮いている。船の形にすることで体積が大きくなり、水を押しのける体積も大きくなり、その体積の分だけ上向きの浮力が大きくなっていると考えることができる。

> ## column アルキメデスの原理
>
> 　古代ギリシャの学者、アルキメデスが浮力を発見したという王冠の逸話を紹介しよう。アルキメデスは、王様から、王冠が純金でできているかどうかを調べる方法を見つけるように依頼された。王様は、金職人に純金の王冠を作らせていたが、金職人が金に他の金属を混ぜて本物とそっくりの王冠を作って金の量をごまかしたという噂が
>
>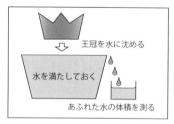
>
> 図1-7　王冠の体積
>
> 流れていたからである。見た目は金色で違いがわからない。王冠を壊して調べることはできるだろうが、壊さずに調べられないものだろうか。アルキメデスは、公衆浴場でお風呂に入った瞬間に、王冠を壊さずに調べる方法をひらめいたといわれている。
>
> 　お湯がいっぱい張ってあるお風呂に入ったとき、お湯が湯船からあふれ出した経験があるだろうか。あふれ出たお湯の体積は、お湯の中に入れた体の体積とちょうど等しい。このことを生かし、王冠を水に沈めれば王冠の体積と同体積の水があふれ出し、その水の体積を測れば王冠の体積を測ることができるのである。
>
> 　アルキメデスは、王冠と等しい質量の純金の塊を測り取り、同じように水に沈めて、あふれた水の量を比べてみた。もし王冠が純金でできていれば、塊であふれた水の量と王冠であふれた水の量は等しくなる。しかし、王冠であふれた水の量は、同じ質量の純金の塊であふれた水の量よりもずっと多かった。つまり、王冠は純金ではなかったのである。この結果から、王冠を壊すことなく偽物であることを突き止めたという。

(3) 違う物質でも足し算できる質量，できない体積

　赤ちゃんの体重を測るとき，お母さんが抱っこして体重計に乗り，自分の体重を引き算することがある。また体重測定でも，あらかじめ着ている服の分を500g程度マイナスしておくことがある。このように，体重計やはかりに，直接乗せることができない物体の質量を測るとき，入れ物ごと測って入れ物の分を引き算することができる。

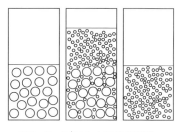

図1-8　ゴマと大豆を混ぜる

これを利用して，風袋と書かれたボタンがついているはかりもある。まず入れ物を乗せて風袋のボタンを押すと，目盛りがゼロになるようにできている。

　体積については，同じように足し算できないことがある。コップに水を100mL入れて，そこにあとから水を100mL入れればちょうど200mLになる。しかし違う物質だとどうだろうか。

　たとえば水100mLにアルコール100mLを混ぜてみよう。目盛りを見ると，ちょうど200mLにはならず，190mL程度になってしまう。水とアルコールでは透明な液体でわかりにくいので，モデルとして，大豆とゴマでやってみるとよい。大きな粒である大豆と大豆の隙間には，ゴマの小さな粒がうまくはまり込んでいる。そのため，足し算にならない。

(4) 気体にも体積や質量がある

　日常的には，私たちは空気の重さを感じない。しかし，風が吹いたり，風船を膨らませたりするとき，空気も確かに存在しているものとして，手ごたえを感じることはできる。空気も物質であるから，質量はある。ただ，私たちはふだん空気中にいるので，空気中で空気の重さを感じることも測ることもとてもむずかしい。20℃の空気1リットルの質量は約1.2gである。直径1メートルの風船に空気を入れると，約1kgになる。

　空気にも質量があることを実験で確かめることはできる。キッチン用具で，ペットボトルや密閉容器に空気を押し込む器具や空気を抜く器具がある。2つの等しい容器を用いて初めにてんびんでつり合わせ，その後一方の空気を

抜いてみると，空気を抜いたほうが軽くなることを確かめることができる。

空気よりも軽い気体もある。水素やヘリウムは，空気よりも軽い（正しくは密度が小さい）気体である。この軽い気体を利用して空中に浮かべるのが，アドバルーンや飛行船である。20世紀のはじめには，水素を入れた飛行船に乗客や貨物を乗せて，大西洋横断航路などに就航していたが，墜落事故を契機に水素を利用した飛行船は運用されなくなった。水素には，空気中で火花や小さな炎と接すると大きな爆発音とともに燃焼する激しい性質があり，事故原因も摩擦による火花といわれている。その後は不燃性のヘリウムガスを利用した飛行船が広告などに使われるようになった。

アンモニアやメタンガスなども，空気より軽い気体である。逆に，二酸化炭素や塩素など，空気よりも重い気体もある。

確認問題

1 10円玉や1円玉の体積と質量を工夫して測りなさい。1円玉はアルミニウム100%，10円玉は銅95%でできている。それぞれ，アルミニウムの密度，銅の密度にどれくらい近い値を出すことができるか調べなさい。アルミニウムの密度は$2.7g/cm^3$，銅の密度は$8.9g/cm^3$である。

2 大豆とゴマ，あるいはビー玉とビーズなど，一粒の体積や質量の違う粒を使って，質量は足し算できるが体積は足し算できないということを確かめなさい。

3 ばねや輪ゴムと50円玉や5円玉を使って，フックの法則を調べなさい。表を作り，横軸に質量，縦軸に伸びの長さを示すグラフを作成して，比例に近くなるか確かめなさい。

4 メスシリンダーがなくても，計量カップとコップやペットボトルがあれば，ものの体積を水に入れて調べることができる。その調べ方を考え，さまざまな物体の体積を調べなさい。

より深く学習するための参考文献
・板倉聖宣『科学的とはどういうことか――いたずら博士の科学教室』仮説社，1977年
・板倉聖宣『ぼくらはガリレオ』岩波書店，2011年
・滝川洋二編『発展コラム式　中学理科の教科書　改訂版　物理・化学編』講談社，2014年
・結城千代子・田中幸・西岡千晶『空気は踊る』太郎次郎社エディタス，2014年

第2章

てこと力，ふりこと運動

　私たちが使う道具には，てこの原理を応用したものが多い。釘抜きや硬い木の枝を切る植木ばさみなど，てこの原理を利用した道具には共通点がある。てこはどうして小さな力で大きな仕事ができるのだろうか。てこの原理から始め，さまざまな力のはたらき，運動の基礎について学んでいこう。

キーワード

てこ　支点　力点　作用点　力のモーメント　輪軸　ふりこ　周期　摩擦力　運動の第一法則　慣性の法則　等速直線運動　放物線

1　てこの原理

(1) 楽に切れる方法は？

　はさみで厚紙を切るとき，紙を奥まで入れてはさみの刃の奥で切るときと，はさみの先端を使って切るとき，どちらが小さな力で切ることができるだろうか。厚紙がなければ，コピー用紙を4回折って，試してみよう。

　はさみにもいろいろな形がある。植木用のはさみは，持つ柄の部分がとても長く，刃の部分が短くなっている。柄の部分を長くすることによって，太くて硬い枝を切るための大きな力を得るように作られているのである。

　釘抜きや栓抜きも柄が長くなっている。釘を抜いたり，栓を開けたりすることは素手ではできないが，こうした道具を使うことで大きな力を得ることができる。家の中やオフィスを見回しても，このような，**てこの原理を使っ**

た道具がたくさんある。

　てこの原理を考えるうえで大事なのは3つの点である。まず，動かないところが**支点**。はさみでもペンチでも真ん中をねじで止めているところが支点である。釘抜きにはねじはないが，机に接して動かないところが支点となる。

　次に，手で力を加えるところが**力点**。持つ柄のところである。植木ばさみなどの柄が長いということは，支点と力点の距離が長いということであり，これによって小さな力で大きな力を得るように作られている。

　また，はさみや大型のペーパーカッターは，持つところ（力点）は決まっているが，切る刃のどの部分を使うかによって，切りやすさが違う。手が棒に力を加える力点に対して，棒が物体に力を加える点が**作用点**である。支点と作用点の距離が短いほど，大きな力が得られる。はさみでは刃の部分，釘抜きでは釘を挟む部分，ペンチでは対象物を挟む部分が作用点となる。

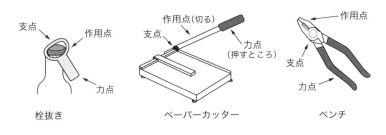

図2-1　てこの3つの点

（2）てこの原理で人命救助

　てこを利用しているのは，道具だけではない。棒を使って，てこの原理を応用する場合がある。地震などのときには，大きな建物の下敷きになっている人を助け出すために，長い棒を使って救助した場面が多く見られた。

図2-2　長い棒をてこに使う
イラスト）金子亮太

　長い棒をどのように使っていたか考えてみよう。棒の下にある石のブロックが支点となっている。

(3) てんびんとつり合いのきまり

てこの原理を考えるためには、ちょうどつり合うときのことを考えるとよい。シーソーで遊んだ経験があるだろうか。重い人と軽い人が同じように端に座っていては楽しく遊べない。シーソーは、重い人と軽い人でもギッコンバッタンと楽しめるように、座る場所を変えられるようになっている。軽い人は、シーソーの端に（支点から遠ざかって）座ることで、向こう側の重い人を持ち上げることができる。また、重い人にもっと前のほう（支点に近づいて）に座ってもらうことで、軽い人が重い人を持ち上げられる場合もある。持ち上げられるちょうどぎりぎりのとき、重い人と軽い人がつり合っている状態がある。まず、このつり合っている状態について考えてみよう。

図2-3　シーソー
イラスト）金子亮太

力は目に見えないので理解が難しいが、手ごたえとおもりの重力の両方でてこに働く力を考えてみることにしよう。

1 cmくらいの太さの長い角材を用意して、ちょうど真ん中に糸をつけて、ぶら下げるとてんびんが作れる。あるいは、三角の積み木などを使って尖った支点を作り、その上に乗せてもよい。しかし、棒が自由に動かないとてんびんにならないので、支点のところに幅がないようにする。

てんびんがつり合っているとき、支点を境に左右どちら側も下に向けて力が加わっている。まず、左右に等しい質量のおもりをつり下げてつり合わせてみよう。左右に等しい質量のおもりが水平につり合うには、左右とも支点から等しい距離におもりをつり下げればよい。次に、右側のおもりをはずし、水平になるまで手で押してみる。水平になって動かないでいるということは、

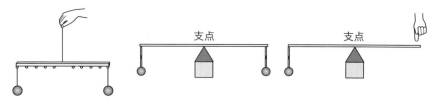

図2-1　ぶら下げて支点を固定するてんびん（左）、支点に乗せるてんびん（右）

手で押す力とおもりの重力がつり合っていることになる。

(4) てことつり合いのきまり

押す場所を徐々に動かして，おもりが動かないように押してみて，押す力の大きさの違いを調べよう。遠いところを押しても近いところを押しても，棒を水平にすることができる。このとき，同じ質量のおもりとつり合わせているのに，遠いところでは小さな力，近いところでは大きな力を加えていることがわかるだろう。

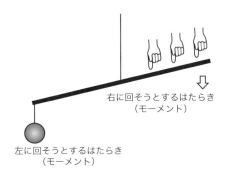

図2-5　つり合うときの力の大きさ

つまり，支点から遠い距離に小さな力を加えたときと，支点から近い距離に大きな力を加えたときは，棒を回そうとするはたらきが等しいといえる。

棒を回そうとするはたらきを，**力のモーメント**と呼ぶ。

力のモーメントは，以下の式で表される量の大きさである。

力の大きさ×支点と力が働く点との距離

右側を手で押している力のモーメントと，左側にぶら下げたおもりの重力のモーメントの数値が等しくなったとき，てんびんの棒は水平になり，このときつり合っているという。右側のモーメントが左側よりも小さいと，てんびんは左に傾く。右側で押す力のモーメントが大きくなれば，右に回そうとするはたらきが大きくなるので，右に傾く。

(5) 力と距離とエネルギー

てこは，小さな力で仕事をすることができる，お得な道具である。しかし，小さな力で同じ仕事をするために，損をしていることはないのだろうか。

支点からの距離を変えて力を加え，おもりを水平まで持ち上げるようすを

考えよう。支点から距離が短いところを押すときは大きな力が必要だが、動かす距離は短い。支点から遠いところでは力は少なく、動かす距離は長い。

図2-6で、荷物を水平になるまで持ち上げるときを考えよう。支点からの距離が荷物までの距離と等しいア点のときは、荷物にかかる重力と等しい力

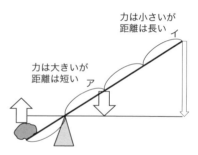

図2-6　力と距離とエネルギー

を加えるが、距離が3倍のイ点では、加える力はア点の3分の1ですむ。しかし棒を水平にするまでの距離は3倍動かさなければならない。道具としてのてこは、力で得しているが距離では損しているのである。

山道をまっすぐに登るときも同様である。一歩一歩には大きな力が必要だが歩く距離は短く、回り道をするときは、一歩一歩は楽でも長い距離を登らなければならない。どちらの道を選んでも、山の頂上まで行く、というエネルギーは等しい。力が大きければ距離は短くてすみ、少ない力であれば長い距離が必要である。このエネルギーは、物理の用語で「仕事」とも呼ばれ、仕事とは、以下の式で示される。Jはジュール、Nはニュートンという単位である。

仕事の大きさ(J) ＝ 力の大きさ(N) × 力の向きに動いた距離(m)

column てんびんとさおばかり

てこを利用したはかりに、さおばかりがある。いろいろな質量のおもりをいくつも乗せたり取り替えたりしてつり合わせるてんびんと違い、さおばかりは、1つのおもりを使って、つり合わせる場所を動かすことで質量を調べることができる。さおと1つのおもりだけで正確にものの

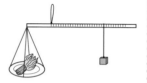

図2-7　さおばかり

質量を測れるので、昔から世界中至る所で使われている。現在も、市場や肉屋さん、パン屋さんなどで使っているところがある。探してみよう。

（6）てこと輪軸

てこの原理は生活のさまざまなところに利用されているが，その中には，棒を傾けるのではなく，回転して使う道具も多い。半径の異なる円筒を1つの軸に固定した仕組みを**輪軸**という。大きな輪のほうを持って回転させることによって，軸を小さな力で回転させることができる。

---

column　やじろべえと重心

やじろべえを作ったことがあるだろうか。竹ひごや枝にドングリや粘土などをつけてバランスを取って遊ぶおもちゃである。やじろべえは，ゆらゆらと揺らしても，なかなか倒れない。

中心のドングリから，両サイドに竹ひごを差す。このとき，真横に竹ひごを差してしまうと，やじろべえは上手にバランスが取れず，揺れるとすぐにひっくり返ってしまう。左右のドングリは中心のドングリから下向きに差すのがゆらゆらと動かしても倒れないやじろべえのコツである。竹ひごを真横に差したやじろべえと下向きに斜めに差したやじろべえでは，何が違うのだろうか。重心である。両サイドのドングリが下のほうにあるときほど重心が下になり，安定するのである。

図2-8　やじろべえ

図2-9　起き上がりこぼし

同じように，ゆらゆらと動くおもちゃに，起き上がりこぼしがある。起き上がりこぼしは，手で倒してもまた元に戻り，ゆらゆらと揺れるので，赤ちゃんのおもちゃなどに使われている。ツナなどの缶詰の空き缶や大きなセロハンテープの芯に竹串を1本貼付けて，起き上がりこぼしを作ってみよう。いろいろなところに粘土をつけて，その動きを調べてみよう。起き上がりこぼしも，重心が下に位置していることによって，転がってしまうことなく，ゆらゆらと揺れる。

たとえば，ドライバーなどは，持ち手が太くなっていたり，もう一回り太い持ち手がついていたりする。これは持ちやすいだけでなく，固くなったねじを小さな力で回すことができるためである。

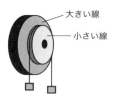

図2-10　輪軸

水道の蛇口も輪軸の一つである。蛇口をひねることで，固い水道の栓を開けたり締めたりできる。ときどき，校庭の水道などで持ち手が外れている蛇口があるが，ねじだけではひねることはできない。逆に，最近は介護用品などで，蛇口にとりつける大きなレバーが売り出されている。これも，てこの原理を利用した道具である。蛇口レバーは，小さな力で回せるが，支点から遠い分だけ動かす距離は長くなる。

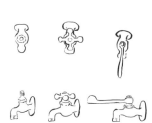

図2-11　蛇口
持ち手が外れている（左）
蛇口レバー（右）
イラスト）金子亮太

輪軸の支点は，回転する円の中心である。輪軸の断面を図にしてみることで，支点・力点・作用点を見つけることができる。

2　力とつり合い

(1) 力を分ける

重い荷物を持つとき，私たちは，上向きの力を荷物に働かせている。荷物には，下向きの重力が働いており，ちょうど重力と同じ大きさの力で上向きに支えていれば荷物を落とすことなく，持っていることができる。このとき，荷物に働いている力は，地球が引っ張る下向きの力（重力）とあなたが引っ張る上向きの力である。

図2-12　力を分ける
イラスト）金子亮太

とても重い荷物を持つとき，2人で運ぶことがある。2人で運ぶとき，くっついて2人とも上に向かって持つときと，少し離れて持つときでは，必要な力の大きさは違うだろうか。

少し離れて持つと，ひもを斜め上にも引っ張らなくてはならない。上向きの力は確かに2人で分担しているが，左右に引っ張りっこしている状態になる。斜めのときには，上向きの力と横向きの力の両方が必要になる。ぴったりとくっついて，2人とも真上に向かって持ったほうが，横向きに引っ張り合う無駄な力を使わないので，小さな力ですむ。

(2) 荷物を押して運ぶときの力

荷物を運ぶことを考えよう。床に置いてある荷物を持ち上げるには，その荷物に加わっている重力より大きな力がなければ持ち上げられない。もし持ち上げずに横に押していくとしたらどれくらい力がかかるだろうか。横に動かすためには，床から荷物

図2-13　荷物を押す
イラスト）金子亮太

に働く摩擦力より大きな力で運べばよい。**摩擦力**は，面と面が触れ合っているときに，動いている向きと逆向きに働く力である。もしも，床がとても滑りやすいときや，荷物にキャスターが付いているときは，摩擦力が小さくなるため，小さい力で動かすことができる。

私たちはいつも，摩擦力に囲まれて生きている。物を滑らせて動かし続けるためには，常に摩擦力と等しい力を与えなければならない。ただ，もしも床との摩擦がなかったら，一度動かすために押したあとは，何も力を加えなくても，荷物はずっと滑り続ける。ドライアイスを机の上で滑らせてみよう。一度押せば，すーっと滑り続ける摩擦のない世界を感じることができるだろう。ホバークラフトやエアーホッケーも，床と物体との間に，空気を押し出すことによって，摩擦力を少なくする仕組みを利用している。

3 運動とふりこ

(1) 物体が落ちるとき

2階の窓から頭の上に植木鉢が落ちてきたら，慌てて逃げようとするだろう。植木鉢が軽そうだったら，その場に立ち止まって受け止めようとするかもしれない。重い植木鉢が当たれば衝撃は大きく，けがをするかもしれないし，植木鉢は激しく壊れ，破片が四方八方に飛び散るだろう。しかし，落ちてくるスピードは，どうだろう。やはり重いほうが速いのだろうか。

綿の塊と粘土の塊を同時に落としたら，粘土の塊が速く落ちる。これは，地球が物体を引っ張る下向きの重力と反対に上向きに空気抵抗が働いているからである。もし，空気がないところ（真空中）で落とすと，重いものも軽いものも同じように加速して落ちてくる。

物体が落ちているとき，受けている力は地球が引っ張っている重力だけである。インターネットなどで，羽と鉄くぎなどが同時に落ちるようすを見た

> **column**
>
> ### ガリレオとニュートン
>
> 物体は，重さと関係なく，同じ加速度で落下し，等しい高さから落としたら同じ時間で地面に到達する。昔から人々は「重い物は軽い物より速く落ちる」と信じてきたが，多くの科学者の実験によって落下の法則が明らかになった。ガリレオ(1564-1642)は，それまでの哲学者と違い，疑問に思うことは，自ら実験してデータを取って確かめ，さまざまな謎を解き明かした自然科学の父と呼ばれている。ピサの斜塔から木と鉛の玉を落として落ちるスピードを調べる自由落下の実験のほか，斜面を転がる物体や糸にぶら下げたおもりの運動を調べる実験なども行ったといわれている。
>
> 「物体に力が加えられない限り，静止していればそのまま静止し続け，運動していればそのまま運動をし続ける」という**運動の第一法則(慣性の法則)**は，ガリレオが16世紀に発見し，ニュートン(1642-1727)が17世紀にまとめたといわれている。力の大きさは，このニュートンにちなんで，ニュートン(N)という単位が使われる。100gの物体に働く重力の大きさは約1Nである。100gの物体を手に持つ力の大きさも約1Nということになる。

ことがあるだろうか。中が真空になったガラス管の中で、いろいろなものが落下するようすを見る道具（落下実験器）を使うとようすがよくわかる。

　理論上、空気がない場所でものを落とすと、どんな質量であっても1秒後には4.9メートル下まで落ち、2秒後には19.6メートル下まで落ちる。地上10メートルのところから地面に落ちるまで約1.4秒である。物理学で物体の運動を学ぶときには、「空気抵抗は無視できるとしたとき」「真空中では」など、日常生活とは違う理想状態の中で議論する。しかし現実には、私たちは、空気抵抗のある世界で生きている。真空中では同時に落ちるが、日常ではやはり鉄くぎは羽より速く落ちてくる。

(2) ボールを遠くに飛ばすには

　キャッチボールをしているとき、飛んでいるボールに働いている力はどのようなものだろうか。ボールは前向きに進んでいるので進行方向に力が働いているような気がするが、空中を飛んでいるボールに働いている力は下向きの重力だけである。なぜボールは押し続けていないのに前方に進むのであろうか。図2-14のようにボールの動きを垂直方向と水平方向に分けて考えるとよ

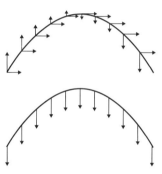

図2-14　ボールの運動とボールに働く力

雨粒が落ちるスピード

column

　雨粒も、数百から数千メートルもの高い空から落ちてくる。しかし、空気抵抗による上向きの力が働いているため、落ちる途中で重力と空気抵抗の力がつり合って、一定のスピードになる。大粒の雨と霧雨のような細かい雨粒では、どちらが速いだろうか。重いほど慣性力が強く、空気抵抗の影響を受けにくい。また、雨の粒の大きさによって空気抵抗が違うので、小さな雨粒はゆっくりと、大きい雨粒のほうが速く地上に落ちてくる。直径0.01 mmほどの霧雨は1秒間に1.2 mほどのスピードで落ちてくる。通常の雨は直径1から2 mm程度でだいたい秒速6〜秒速9 mくらいで落ちてくると観測されている。

い。水平方向だけに着目して動きと力を考えたとき，はじめに投げる瞬間以降は水平方向には力が働いていない。だから水平方向には等速で進むのである。これは，前に紹介したドライアイスと同じ**等速直線運動**である。垂直方向には，下向きに重力が働いているので，下向きに加速される。上向きの速さが遅くなり，もっとも高いところに到達した瞬間速さがゼロになり，その後どんどん速くなって地面に落ちるまで加速し続ける。このように，物体を投げ上げたときの動きの軌跡を**放物線**と呼び，噴水などで水が描く線も放物線である。

キャッチボールでもフリースローでも，真空の中でなら，斜め上45度に投げ上げるともっとも遠くまで飛ばすことができると計算できる。しかし，現実には，空気抵抗があるため，遠くに飛ばすための角度は少し小さくなる。

(3) ふりこ

糸をしっかりとしたところに固定して，ふりこを振ってみると，同じテンポで行ったり来たりを繰り返す。空気抵抗があるため，徐々に振れる幅が小さくなっていき，最後には止まってしまうが，行ったり来たりするテンポは一定である。おもりが一点にくるときに注目して，行って帰ってくるテンポで手をたたいてみると，拍手と拍手の間の時間が一往復の時間となる。この一往復の時間を**周期**と呼ぶ。

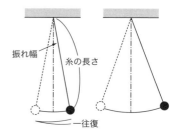

図2-15　ふりこの運動

振れ幅が大きいときは，おもりが動く距離は長いが，振れ幅が小さくなると，おもりが動く距離は短くなる。動く距離が違うのになぜ同じテンポを保っているのだろう

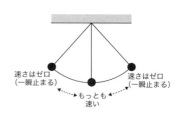

図2-16　ふりこの動き

か。おもりの動きをよく観察してみると，一番下を通る瞬間のスピードが違っていることがわかる。振れ幅の大きいときは一番下を通る瞬間のスピードが速く，振れ幅が小さいときは遅くなるため，　往復する時間は等しい。

ふりこの周期は，振れ幅を変えても，おもりの重さを変えても変化しないが，糸の長さを変えたときだけ変わる。糸が長いほど，周期は長くなる。

　ふりこのスピードは，もっとも低いところを通るときが一番速く，左右にいくほど遅くなる。左右の端では，おもりの位置はもっとも高くなり，向きを変えているので一瞬スピードがゼロになっていると考えることができる。ふりこの周期は，糸の長さによってのみ決まることは，ガリレオによって1583年に発見され，これをふりこの当時性と呼ぶ。小学校5年生の教科書の多くにこのエピソードが載っているので，ぜひ読んでほしい。。

確認問題

1　人命救助している図の断面図を描き，てこのきまりで説明しなさい。
2　身近にあるてこを応用した道具を見つけ，支点・力点・作用点を調べて，てこの原理が成り立つかを調べなさい。
3　5円玉を糸につり下げ，ふりこのきまりを調べなさい。糸の長さや振れ幅など，どのような条件で実験すればよいか考え，実験を行い，表やグラフにそれぞれの周期を示しなさい。

より深く学習するための参考文献
・板倉聖宣『ぼくらはガリレオ』岩波書店，2011年
・江沢洋・村田道紀『てこと仕事』岩波書店，1980年
・小林実・荒木桜子『シーソーとおもさくらべ』国土社，1971年
・滝川洋二編『発展コラム式　中学理科の教科書　改訂版　物理・化学編』講談社，2014年
・前野昌弘『よくわかる初等力学』東京図書，2013年
・米沢富美子『人物で語る物理入門　上』岩波書店，2005年

第 3 章

電気回路

　電気回路の初歩を学ぶ。素子と電池の直列・並列つなぎがどのような結果を導くかを理解することを当面の目標とするが，結果を単に暗記するのではなく，どのような電流イメージが有効であるかを意識的に検討していこう。後々もっと複雑な回路を学ぶ際に，自分の頭で予想を行い，結果を知って考えを修正し，より正確な理解を追究できるようになっていただきたい。

キーワード

回路　端子　導体　電流　電気抵抗　直列つなぎ　合成抵抗
電圧　並列つなぎ　電流の磁気作用

1　電気を学ぶ意味

(1) 電気を学ぶことであなたは何を得るのか

　2011年3月11日，東北地方太平洋沖地震をきっかけに，福島県双葉町にある福島第一原発から人体に有害な放射性物質が放出，拡散される事故が発生した。大地や河川，海洋は汚染され，人々の暮らしに大きな被害を及ぼした。我々日本国民は長期にわたって無数の努力を続けていかねばならない。

　教師への道を志すあなたは，科学や，その他さまざまな学問的知識を真剣に学ぶことによって，事実を知ること，自分の頭で考えること，人と疑問を共有し，それについて議論することの意義を理解するだろう。そしてあなた

は教師となり，人々が希望を持って生きる社会を作るために努力する市民を数多く輩出していくことだろう。あなたが今ここで学ぶ小学校理科の「電気回路」単元の内容も，どの教科のどの単元もそうであるように，社会的な問題に取り組む重要な基礎となるものである。なぜ我々は，事故が発生すれば非常に危険な原子力発電を選択しているのだろうか。この問いに対する答えを筆者が読者に「与える」ことはできない。あなた自身で，広く知識を求め，自分の意見を作っていただきたい。

　ここでは，そもそも我々が発電所を必要とする理由である「電気を用いた暮らし」に関して，日常的であり身近でありながらも高度にブラックボックス化されており，あまり意識することのない「電気の働き方」について，その初歩を勉強することにしよう。

（2）電気の実験を行うために

　我々が日常生活の中で電気を使っているとき，その大部分は電源コンセントか電池から供給された電気を用いている。今，部屋の中を見回して，コンセントや電池からとった電気を使って何をしているか考えてみよ。どんな電化製品があるか。

　それらは電気を用いて，運動，光，音，熱などを生じさせているだろう。コンセントは壁や天井の裏を通って分電盤につながっており，そこからまた送電線を通って発電所へとつながっている。発電所で作られた電気があなたの部屋の電化製品を動かしている。部屋の照明器具にも分電盤から電気が導かれている。「部屋の電気消して」などと言うように，電気の利用として照明は非常に身近であり，しばしば混同されるほどである。電気を利用した照明のことを正確には電灯という。電灯の普及以前には，照明には炎を用いるのが一般的であった。

　さて，理科の勉強は言葉だけでなく，現象を実際に体験しながら学ぶのが好ましい。そのほうが実感を伴った理解が得られるからだ。とはいえ，コンセントの100V（百ボルト）電圧電源を直接用いたのでは，子どもたちに万が一の事故，感電が起こらないとも限らない。理科実験用の電源装置や変圧器を用いて電圧を下げて用いるか，もっと手軽には乾電池を使うのがよい。とて

も安全に実験ができる。乾電池の電圧は通常1.5 V「程度」である（いろいろな種類の乾電池のラベルを確認せよ。すべて1.5 Vか）。小学校の理科実験では乾電池，モーター，豆電球（あるいはLEDすなわち発光ダイオード），電子オルゴール，電熱線などが用いられるが，これらは発電所，電化製品の模型と考えることができる。可能ならば，電気屋，雑貨屋，100円ショップ，大型書店，おもちゃ屋などを探してこれらを購入し，手元に用意するとよい。この少々の時間とお金と労力と思考と度胸を要するタスクは，あなたに「行動力」という大きな力を与えるであろう。

2　電気の通り道

（1）乾電池を使って豆電球を光らせる方法

　もしあなたが小学校で電気の実験をしたことを覚えていたら，電池を使って豆電球を光らせたことを思い出すかもしれない。ひょっとしたら導線を使って「一つの輪になるように」つなぐこと，そのつなぎ方を**回路**と呼ぶことなどを覚えていたりするだろうか。

　ここでふとあなたは疑問に思うかもしれない。家で電化製品を使うとき，たった1本のコードのプラグをコンセントに挿しているだけであり，これは「一つの輪」にはなっていないのではないか。

図3-1

　コンセントの穴が左と右の2個あることに注意しよう。コードは1本でも，その中にはプラグの左側につながる導線と，プラグの右側につながる導線が分かれて入っていて「一つの輪」が非常に細長い形でできている。電化製品を働かせるには，コンセントの左右の穴の両方を使って「一つの輪」を作らなければならない。これを豆電球と乾電池で考えると，豆電球を光らせるためには，乾電池のプラス極とマイナス極の両方を使って「一つの輪」を作らなければならないということに相当する。事実，図3-1のようなつなぎ方では豆電球は光らない（実験する人へ：導線はさしあたり針金でもアルミ箔でも構いません）。

それでは，図3-2のようにつなげば光るのか。

光らない。光らないだけではない。導線や電池が熱くなる。アルカリ乾電池や充電式ニッケル水素乾電池などは触っていられないくらい熱くなる。これはショート回路といって，電気が豆電球の点灯には使われず，熱の発生に使われてしまっている状態である（熱を得るにしても，もっと電池に負担をかけず，破裂などの恐れなく高い温度が得られるように電熱線を用いるべきだ）。

図3-2

豆電球の作りをよく観察せよ。光るはずの部分はどこか。ガラスの中にあるカールした細い線，フィラメントの部分だ。電熱線が赤熱するように，フィラメントの部分を白熱させたいのだ。そのためにはフィラメントの両端をそれぞれ電池のプラス極とマイナス極につないでやる必要がある。フィラメントの両端がそれぞれ電球のどこにつながっているか考えよ。

図3-3

乾電池のプラス極とマイナス極にそれぞれつないだ2本の導線を使って，豆電球を光らせる方法を自力で発見せよ（図3-3）。2本の導線をそれぞれ豆電球のどこにつなぐべきか（ショートしても発熱が比較的穏やかなマンガン乾電池を使うと怖くない）。「豆電球を入れるソケットとかいう器具がないと光らないんじゃないか」と不安になるかもしれないが，諦めずに調べていればやがて正解が見つかる。ソケットは便利な補助器具であって必要不可欠な部品ではない（厚紙とアルミホイルで手作りしてみよう）。

このように，豆電球を光らせるために乾電池の両極につなぐべき場所のことを**端子**という。豆電球には2個の端子がある。モーターにも，電子オルゴールにも，それぞれ2個の端子がある（電熱線もその両端を端子と考えてよい）。これらの部品を働かせるためには，両方の端子をそれぞれ電池のプラス極とマイナス極につなぐことが必要である。「一つの輪」になるようにつなげば光るというよりは，2個の端子を両極につないだ結果「一つの輪」の形ができるといったほうが適切かもしれない。

なお，豆電球や電熱線は2個の端子のどちらをプラス極に，どちらをマイナス極につなぐかを変えても変化はないが，モーターはつなぎ方を逆にする

と回転の向きが逆になる。また，発光ダイオードや電子オルゴールの場合，正しい向きにつながないと働かないという違いがある。電池で働く豆電球やモーターなどの部品のことを回路素子という。回路素子を働かせるには端子を適切につながなければならない。

（2）導体と不導体

　豆電球を光らせるには，2個の端子の一方を電池のプラス極に，他方をマイナス極に導線でつなげばよい。理科実験では通常，抵抗の小さい銅線やアルミニウム線，またそれらをビニールやエナメル塗料でコーティングした被覆導線というものが導線として用いられる。しかし，豆電球を光らせるためには，鉄の針金を使ってもいいし，アルミ箔を使ってもよい。金属製のスプーンやフォークを使ったって構わない。このように，電池の極と電気素子の端子をつないだときに素子を働かせることができる物質を**導体**（より詳しくは電気伝導体）という。何が導体で何が不導体（あるいは絶縁体ともいう）であるかは，だいたい見た目で推測できる。電池の極と電気素子の端子を見よ。これらは金属でできている。とすれば，金属が導体であることは予想がつくだろう。もちろん，念のためいろいろな金属や，それ以外の物質（紙とかゴムとかプラスチックとか）で実際に極と端子をつないで，豆電球が光るかどうか確認することは大切である。あくまで事実に基づいて考えるというのが科学的な態度であるから。

　ところで小学生に導体と不導体を教える際には，彼らの多くが未だ金属という概念を十分に獲得していないことに留意する必要がある。いろいろな物質で電池の極と豆電球の端子をつなぎ，豆電球の光る／光らないでもって物質を「電気を通すもの」「電気を通さないもの」に分類する。前者に共通な性質として「（磨けば）ぴかぴか」「触るとひんやり」などを共有，検討したうえで，総称としての「金属」という言葉を導入するとよい。勉強とは言葉の暗記ではない。「物事が先，言葉は後」といわれる。具体的な把握が先にあり，それに対して名前を付与するように学びたいものである。

　小学生への指導に関して付け加えるならば，科学的な正確さや厳密性をあまり深追いすべきではない。導体は金属とは限らない。鉛筆の芯（とくにBや

2Bなど炭素成分の大きいもの），電解質水溶液，プラズマなども導体であるが，金属概念を押さえることのほうが先決であろう。

　さて，豆電球を光らせるには端子を電池の極と導体でつなげばよいのだが，この接続に用いる導体の形や大きさによって，何か違いはあるだろうか？　導線の長さを長くすると何か影響があるだろうか？　家で電化製品を使う際に延長コードが使えることを考えると，長さはあまり関係なさそうである。実際に小学生が卓上で行う規模の実験ではほとんど影響が見られないだろう。とはいえ，導線にもわずかながらの抵抗はあり，どんどん長くしていけばその影響（豆電球の光が弱くなる）がやがて見られるようになる。どれくらいの長さで影響が認められるか，子どもたちと一緒に調べてみるとよいだろう。

　逆に，導線の長さを短くしていくとどうなるだろう？　2本の導線のいずれかをどんどん短くしていった極限として，電池の極と豆電球の端子を直結させた状態ができる。これでも豆電球はきちんと光る。「導線を1本だけ使って豆電球を光らせなさい」というのはよいパズル問題である。「電池とはさみだけを使って豆電球を光らせなさい」とか「電池と小銭だけを使って豆電球を光らせなさい」などというのも子どもたちにとって楽しい問題である。あなた自身でバリエーションを考案するとよい。

　電化製品のコードはすべて被覆導線になっている。何のために導線を不導体のビニールで覆ってあるのだろうか。図3-4のように導線がねじれたとき，導線が裸の導線の場合と，被覆導線の場合とで，どんな違いが生じるか考えてみるとよい。被覆はショートの防止に役立つ。

図3-4

(3)「回路」という言葉が示唆するもの

　豆電球などの回路素子がきちんと働くような電池へのつなぎ方を回路という。大切なのは回路という言葉を覚えることではなく，第一に実際に自分で回路を組み立てられること，第二に回路という言葉を使った説明が理解できることである。

　科学用語の命名は必ずしも合理的とは限らない。現在の科学理論の発展の

前段階，初期段階における仮説が慣用名としてそのまま残っていたりするからだ。たとえば，「火山灰」は灰ではないし，「起電力」は力ではなく，「酸素」は酸の素ではない。当然，回路（英語ではcircuit）という言葉に含まれるニュアンスが現象を（現代の科学から見て）的確に表現している保証はない。

　そもそも豆電球を電池につないで光らせたとしても，フィラメント以外の場所では目に見える変化はなく，何が起きているかわからない。もちろん，まったく手がかりがないというわけでもなく，電池が熱を帯びていたり，ショートの際には導線も熱くなったりすることから，「そこで何かが起きている」ということはわかる。しかし実際に何がどうなっているのか，それだけの情報から断定することは不可能だ。たとえば「電池のプラス極とマイナス極から何かが飛び出し，フィラメントのところで出合って光が生まれる」というようなことが起こっているかもしれない（「導線」という言葉はその「何か」を電池から豆電球に導いてくるための線と解釈できるかもしれない）。これは一つの仮説である。子どもたちに自由に考えさせれば，想像力豊かに，さまざまな仮説を出してくれるだろう。

　様々な仮説を出しあい，どれが一番もっともらしいか，検証実験を計画して調べていくような授業ができたなら，「教科書に書いてあるから」ではなく自分たちの頭と体を使って最善の仮説をクラス全体で求めていけたなら，それは科学という営みの本質に迫る教育実践と言えるのではないだろうか。それを破綻なく実行するためには，子どもたちの刻々の探究状況を的確に判断し支援する知識と技能が教師の側に求められるだろう。

　さて，「回路」という言葉，誰が名付けたのか筆者は知らないが，ある種のイメージを示唆するように思われる。「回る道」である以上，何かがそこを通過することが想起される。その何かが「一つの輪」をぐるりと回るというのだろう。このような「一つの輪」の中を通っている「何か」のことを電気と呼ぶ。そして電池につないだ豆電球が光ったとき，「回路に電気が通った」と表現する。小学校の教科書を見ると「電気の通り道のことを回路という」などと記述されている。「電気」という言葉が単に現象を表すのではなく，それらの現象を引き起こす何らかの実体という意味を与えられたことに注意せよ。

　だが，「電気が通る」という言葉には，未だ具体的な描像（イメージ）が与え

られていない。電気というものがどのような姿形をしており，回路中をどのように通っていくのか，何の説明も与えられていない。「電気が通る」という表現を聞いて心のなかに思い描くイメージは人それぞれだろう。学習を進めていくにつれ，そのイメージの違いが大きくなっていき，その結果，議論（コミュニケーション）を難しくすることがあるかもしれない。

　実際の教室においては，教師が無自覚のままある種のイメージを子どもたちに示唆することも起こりうる。たとえば「一つの輪」であることを強調するために，指先や鉛筆で電池のプラス極から出発し，回路に沿ってマイナス極までなぞらせるという指導をする。体を使って，途切れなく一周することを把握させることができる。しかし，このような経路の追跡がそのまま「電気の運動」として受け取られがちである。このような粒子的な（離散的な）電気の一周，あるいはその周期的な繰り返しは，点灯（豆電球の継続的な発光）よりむしろ点滅とよく馴染みそうであるが，さしあたりこのようなイメージでも何ら不整合や困難は生じない。より複雑な電気回路を調べていくにつれ，このようなイメージでは説明や理解が困難になっていく。そのとき，イメージの修正作業を意識的に行うことが必要になるが，それを怠ると「わけがわからないけど暗記する」という事態に陥る。

3　電流とは何か

(1) 電流

　現在の科学知識からすれば，「電気」という物質があるのではなく，物質の構成要素である陽子や電子といった粒子が備える性質の一つが電気であること，電気は負の値も持ちうること，この世界の電気の総量は一定不変で，電気は作られることもなければ失われることもないことなどが知られている。しかし，これらの「事実」を列挙したところで，その真意を初学者が正確に把握することは困難であろう。「電気は作られない」などというのは，発電という行為に矛盾するように思われるのではないだろうか。科学概念の学習は多くの時間，労力，忍耐，注意を必要とする。焦らず，諦めず，考え続けること，また，教えてくれそうな人に尋ねてみる学習姿勢が大切である。

さて，本書第5章「物質の構成と原子・分子」2(3)原子の構造でも説明するように，物質は原子から構成され，その原子はプラスの値の電気を持つ原子核と，マイナスの値の電気を持つ電子からできている。金属においては，原子1個あたり1個2個程度の電子を金属全体でシェアしており，それら全体でシェアされる電子は自由電子と呼ばれる。回路の導体を通っていく電気の実体は，これら自由電子の全体である。電気は電池の中だけに蓄えられているのではない。導線の中にも，豆電球のフィラメントの中にも，金属中の至る所に，はじめから電気は入っている。

　回路ができて豆電球が光るとき，電池から飛び出た電気が空っぽの回路を通り抜けていくわけではなく，電池を回路につなぐことで（電気の力によって）回路中の電気が一斉に動き出す。この電気の動きを**電流**と呼ぶ。「電気の流れ」という意味である。「回路の至る所にはじめから入っており，電池の接続によって一斉に動き出す」という電流イメージを意識的に用いるように心がけていただきたい（電気・電流のCGアニメーションを見せてやると良い）。

　電流の測定器として，電流計や検流計といったものが市販されている。すなわち，電流とは単に現象やイメージに付けられた名前ではなく，その値を測定することのできる量（物理量）である。ものさしを使えば長さが測れる。1 cm，2 cm，……。時計を使えば時間が測れる。1 s，2 s，……。同様に，電流計や検流計を使えば電流が測れる。1 A，2 A，……。Aはアンペアと読む。「流れ」には向きがあるが，回路においてプラス極が「上流」，マイナス極が「下流」と定められている（すると自由電子達は「逆流」していることになってしまうのだが，昔は電子など知られておらず，逆向きに定義されてしまった。残念なことだが今さら普及した定義を変えることはできない）。

　測定にあたっては，電流を測りたい場所に電流計または検流計を挿入して用いる。図3-5の左図のように2個の検流計を用いた場合，右図のA点とB点の電流の値をそれぞれ測定している。

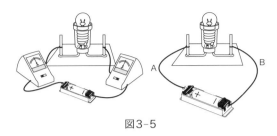

図3-5

　問題。このような回路を完成した直後，2個の検流計の針はどちらが先に動くか？　電流が流れるのはAが先かBが先か？
　答え。同時である。第2問。2個の検流計の針の読みはどちらが大きいか？　電流が大きいのはAかBか？
　答え。同じである。個人で検流計を所有することはまれであろうが，このような測定の事実があることは知っておいていただきたい。これらの事実を説明するのに，先に示したような電流イメージが好都合であることを確認せよ。

(2) 電池のはたらきと電気抵抗

　今度は電池に注目しよう。回路が完成してから，時間が経つにつれて電池の中に含まれる電気の量はどうなっていくか。時間が経つほど電気の量は減っていき，最後にはゼロになって「電池切れ」になるのか。
　答えは否である。電池の一方の極から流れ出すのと同じ大きさだけ，他方の極に流れ込むため，電池の中の電気の量は一定に保たれる。
　「ではなぜ電池切れが起きるのか。電気の量が減らないなら，電池は無限に使えることになるではないか」という疑問はもっともである。これは電池のはたらきに関する誤解に基づく。電池が失うのは電気ではなく，「電流を生じる能力」である。電池は化学反応によってプラス電気とマイナス電気の偏りを2つの極に生み出している。この電気の偏りによって回路内に電気の力を生じ，回路に電流を引き起こす。したがって化学反応の進行に伴い電池内の反応物が減っていき，化学反応が止まったところで「電池切れ」となる。
　検流計や電流計だけを（素子をつながず）電池につないではいけない。針が振り切れ，そのまま放置すると壊れてしまう。つまり値を測定できないくらい

43

に大きな電流が流れてしまう。このように電池というのは，もともと非常に大きな電流を流す能力があることに留意せよ。

一方，豆電球やモーターなどの素子を回路につなぐと，流れる電流の大きさは測定できる程度の値になる。素子が回路を流れる電流の大きさを抑制している。このことを指して，豆電球やモーターのような素子は「**電気抵抗である**」とか，「電気抵抗を持つ」といわれる。ただの「抵抗」と呼ぶことも多い。抵抗の大きさ，すなわち電流の抑制の度合いは素子によって異なる。電池に豆電球をつないだときの電流の値と，電池にモーターをつないだときの電流の値は異なる。もちろん，豆電球やモーターと言ってもいろいろな規格があり，それぞれ流れる電流の値，したがって抵抗の値は異なる。

電流の大きさと抵抗の大きさの関係は苦手とする人が多い。問題。電池に素子Aをつないで測定した電流の値と，電池に素子Bをつないで測定した電流の値を比較したところ，素子Aの場合のほうが電流の値は大きかった。素子Aと素子B，抵抗が大きいのはどちらか。誰かと答え合せして欲しい。

（補足）　3 (1)で電流が物理量であると先に述べたのと同じ意味で，電気抵抗もまた物理量である。すなわち，電気抵抗計というものを用いればその値を測定することができる。電気抵抗の単位はΩと書きオームと読む。量としての電気抵抗について勉強したい人は，先に電圧について勉強すると良い。

(3) 素子の直列つなぎ

図3-6の左のように豆電球を2個つないだ回路を作る（**直列つなぎ**という）。乾電池のプラス極に一方の端子がつながった豆電球をa，マイナス極に一方の端子がつながった豆電球をbとする。比較のために，豆電球を1個だけつないだ回路の豆電球をcとしよう（図3-6右）。

第3章　電気回路

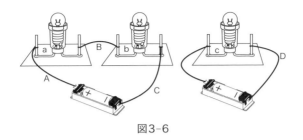

図3-6

　問題1。左図A点，B点，C点および右図D点の4カ所の電流について，大きさの大小関係と流れる向きを予想せよ。問題2。豆電球a，b，cの明るさの大小を予想せよ。

　答え。不等号で示せば，電流の大きさはA＝B＝C＜D，豆電球の明るさはa＝b＜cとなる。電流の向きは上の図で時計回り，すなわち回路に沿ってプラス極から離れる向きである（プラス極が「上流」でマイナス極が「下流」）。素子を直列につないだ回路内の電流はどこも同じ大きさであるが，素子をつないだ個数によって電流の大きさは異なる。一般に，直列につなぐ素子の数を増やすほど，回路に流れる電流の大きさは小さくなる。また，電流の大きさが小さくなるほど，豆電球の明るさは暗くなる。

　電池は，どんな素子を回路につなぐかによって流す電流の大きさが異なるのであった。今，2個の連続する豆電球を1つのカタマリと見れば，このカタマリの電気抵抗を考えることができる。これを**合成抵抗**という（あるいは，回路における全体抵抗ということもある）。一般に，素子を直列につないだカタマリの合成抵抗は，各々の構成素子の抵抗よりも大きい。素子を直列につなぐ個数を増やすほど，全体抵抗は大きくなる，すなわち，回路に流れる電流は小さくなる。

　なお，豆電球は電流の大きさによって明るさが変わってくるので，これも一種の検流計と考えることができる。明るいということは電流が大きいということだし，暗いということは電流が小さいということだ。ただし，本物の検流計との最大の違いは，それ自身が大きな抵抗を持つということである。電流計や検流計は，回路を流れる電流にできるだけ影響を及ぼさないように，とても小さな抵抗を持つように作られている。回路に検流計を挿入しても豆

電球の明るさはほとんど変わらないが、豆電球を挿入すれば、当然、どうなるか。図3-6をそのような目で見返してほしい。

(4) 電池の直列つなぎ

次に、電池の直列つなぎを検討しよう。図3-7左のように、豆電球に電池を2個直列につないだ回路を考える。

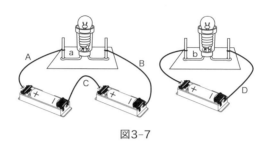

図3-7

問題1。図3-7左のA点、B点、C点および右図D点の4カ所の電流について、大きさの大小関係と向きを予想せよ。とくに、C点にも電流は流れているか。問題2。豆電球a、bの明るさの大小を予想せよ。

答え。電流の大きさはA＝B＝C＞D、豆電球の明るさはa＞bとなる。向きは上の図でやはり時計回り、回路に沿って電池のプラス極から離れる向きである。電池を直列につないだ回路内の電流はどこも同じ大きさであるが（電池と電池の間にも電流は途切れることなく一方向に流れている）、電池をつないだ個数によって電流の大きさは異なる。一般に、直列につなぐ電池の数を増やすほど、回路に流れる電流の大きさは大きくなる。また、電流の大きさが大きくなるほど、豆電球の明るさは明るくなる（電池をつなぎ過ぎるとフィラメントが焼き切れて豆電球が壊れてしまう）。

電池の直列つなぎに関して、少し発展的な内容を見ておこう。図3-8のつなぎ方は、いずれも「安全上の理由」で、小学校の教科書では禁止されている。これらのつなぎ方をやってみたい人は、必ず充電式の乾電池で、かつ少し放電させてから（いわゆる「フル充電」ではない状態で）行えば安全に実験することができる（絶対にアルカリ乾電池は使わないこと。万が一破裂したときアルカリ

がまき散らされて危険である。第7章「水溶液」参照）。

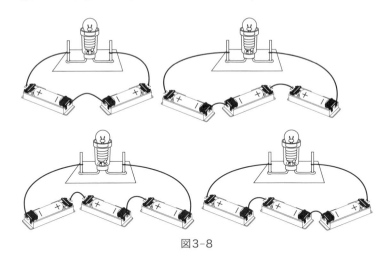

図3-8

問題。図3-8の4つのつなぎ方のうち，豆電球が光るものはどれか。どれも光らないか。

答え。左上の電池2個のものは光らない。電池3個のものはいずれも光る（明るさは電池1個のときとほぼ同じ）。電流の大きさも至る所（電池と豆電球の間も，電池と電池の間も）同じ値，向きもすべて図3-8で時計回りとなる。

直列につないだ電池の電圧には加法性がある。充電式乾電池の電圧を1.2Vとすると，正しい向きに直列つなぎするのであれば，2個のとき1.2V+1.2V=2.4V，3個のとき1.2V+1.2V+1.2V=3.6Vの電圧が素子にかかる。しかし，左上の図のように2個を逆向きに直列つなぎすると1.2V+(−1.2V)=0.0Vであるため電流は流れないし，1個を逆向きにした3個の直列つなぎ方の場合，1.2V+1.2V+(−1.2V)=1.2Vであるため，電池1個のときと同じ大きさの電流が流れると解釈される。

金属導体の回路内では自由電子が電流を担っているが，電池の内部では，電極での化学反応によって供給される電解質の陽イオンと陰イオンとが電流を担う。充電式電池においては，外から電圧をかけることで化学反応を逆向きに進行させることができて，電池内の電流を逆流させうる（それで先の3つの回路は逆向き電池を充電する回路になっており，安全に実験できる）。

ここで**電圧**と電流の区別について一言しておこう。まずは大雑把に，原因と結果の違いと捉えていただくとよい。豆電球が光ったりモーターが回ったりするのはそこに電流が流れるときであるが，電流を流すためには電池のような電源を接続して電圧をかけることが必要である。「素子に電圧がかかる」ことが「原因」となって，「素子に電流が流れる」という「結果」が生じる。

4　分かれ道のあるつなぎ方「並列つなぎ」

（1）電流の分流と合流

　図3-9のように，豆電球と電池を3個の検流計でつなぐ。ふつうの導線でつないだときと同じ明るさで豆電球は光る。問題。検流計A，B，Cの測定値I_A，I_B，I_Cの間にどんな関係が成り立つか。

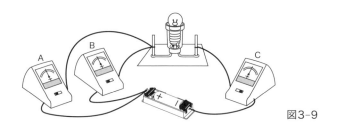

図3-9

　答え。$I_A + I_B = I_C$の関係が成り立つ（検流計や導線の個体差で$I_A = I_B$は成り立たないことも珍しくない）。この関係は豆電球と検流計Cの並び順を変えても変わらないし，図3-10のようにしても変わらない。

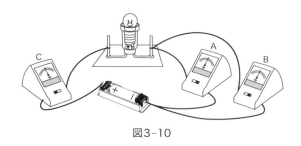

図3-10

この結果より，電流は水流のように分流したり合流したりする性質を持つと考えるのがよさそうである。これを電流が持つ性質として認めよう。

（2）素子の並列つなぎ

　図3-11のような2個の豆電球の関係を**並列つなぎ**という。1個の電池で2個の豆電球をまかなっている。数学の「因数分解」$ax+bx=(a+b)x$ を連想する人もいるかもしれない。

　問題。この2個の豆電球の明るさは，豆電球1個だけの回路と比べてどうか。直列つなぎのときのように暗くなるか。変わらないか。明るくなるか。

　答え。両電球とも，豆電球1個だけのときとほぼ同じ明るさで光る。「ほぼ」というのは，片方の電球を取り外すとわずかに明るくなるのが認められるからだ。その度合いは乾電池の性能（内部抵抗）に依存する。新品のマンガン乾電池といくらか消費した乾電池で比較してみるとよい。もし内部抵抗ゼロの理

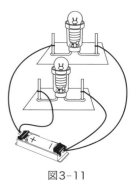

図3-11

想的な電池を用いたとすれば，明るさの変化はなく，並列つなぎの2個の豆電球は，豆電球1個だけのときと完全に同じ明るさであると考えてよい。

　さて，図3-11において電池ボックスに注目せよ。導線をつないでいる電池ボックスの両端は金具である。そして回路においては，電池の極と素子をつなぐ導体は（抵抗が大きくない限り）何でもよく，形や大きさは重要ではないのであった（2（2））。そこで，導線を2本追加して図3-12のように回路を変形し

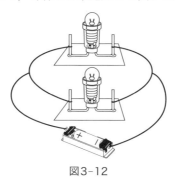

図3-12

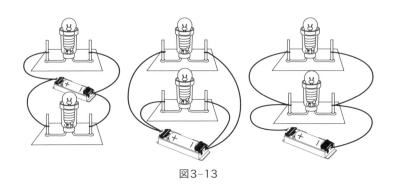

図3-13

よう。

　このとき，両電球の明るさに変化はない。図3-13に示す3つの回路も，2個の豆電球が並列つなぎの関係にあり，明るさが皆同じであることが納得できるだろうか。あなたはそれを見抜かなければならない。説明を考えてみよ。

　豆電球が並列つなぎされた回路における豆電球の明るさが把握できたら，次は回路を流れる電流のようすを想像しよう。3(3)で指摘したように電球は一種の検流計とみなせること，4(1)で見たように電流は分流・合流すること，また3(1)で述べたように「回路の至る所にはじめから入っており，電池の接続によって一斉に動き出す」電流イメージを忘れないこと。以上を踏まえて，図3-14に関して次の問題を考えていただきたい。

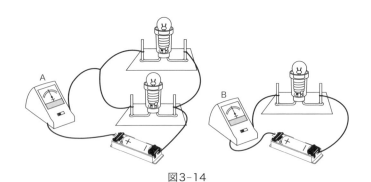

図3-14

問題。検流計AとBの測定値の大小関係を予想せよ。

答え。$I_A > I_B$。考え方は次のとおり。3個の豆電球はすべて同じ明るさで光る。ゆえに3個の豆電球を流れる電流の大きさはすべて等しい。並列のつなぎ目で分流する以前の電流の大きさを測定するのであるから，AのほうがBよりも大きな値（2倍の値）を示すはずである。

「同じ電池から出てくる電流は同じであるから$I_A = I_B$」と誤答する人は多い。しかし，もしそれが正しいとすれば，並列のつなぎ目で分流するため，豆電球は暗くなるはずである。すなわち「電池から出てくる電流はいつも同じ」という前提が誤っている。回路を流れる電流の大きさは素子の電気抵抗次第で異なるのであった。3（2）を読み返していただきたい。

さて，並列つなぎした2個の豆電球を1個のカタマリと見たときの抵抗，合成抵抗を考えてみよう。問題。並列つなぎしたカタマリの合成抵抗は，個々の素子の電気抵抗と比べて大きいか，小さいか，変わらないか。

答え。小さい。上の実験結果からただちにわかることである。より多くの電流が流れているのであるから，抵抗は小さい。一般に，電池に素子を並列に付け加えていくと，電池からはより大きな電流が流れるようになる。すなわち合成抵抗はますます小さくなる。

素子（抵抗）の数が増えているのに合成抵抗が小さくなるというこの結論は，はじめは受け入れ難いものである。素子を並列に付け加えるのを「バイパス作り」にたとえて納得して欲しい。「たとえ抵抗のある道でも，道がないよりは"まし"になる」と考えよ。

さて，この項を終えるにあたって，家庭内の電化製品の利用に関して判断できるようになっていてほしいことがある。電源コンセントに様々な電化製品をつないで同時に使っているはずだが，これらは直列につながっているだろうか。それとも並列つなぎだろうか。そう考える根拠は？

（3）電池の並列つなぎ

次は電池の並列つなぎを考えよう。4（2）で挙げた豆電球を並列につないだ回路の図で，豆電球を電池に，電池を豆電球に置き換えると図3-15のような回路ができる。これらはすべて電池を並列につないだ回路である。

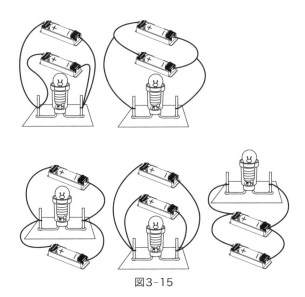

図3-15

　問題。これらの回路の豆電球の明るさは皆同じか。また，電池が1個だけの回路での明るさと比べてどうか。電池を直列につないだときと同じように明るいか。

　答え。すべて電池が1個だけのときと同じ明るさである。電池を直列につないだときのように明るくならない。豆電球にかかる電圧は電池が1個だけのときと同じ大きさである。

　電池を並列につなぐことによって豆電球の明るさは変わらないが，その代わり「電池切れ」になるまでの時間が長くなる。並列につないだ2個の電池を1つのカタマリ（大きな電池）と考えれば，「容量」が大きくなっているわけである。

　乾電池の単1型，単2型，単3型，……という大きさの違いは「容量」の違いであって，電圧の違いではない。実際，単3型を単1型として使うためのアダプターが市販されている。それは単に金具とプラスチックを使ってサイズを大きくするだけの物である。

(4) 電流の磁気作用

最後に，検流計の原理を簡単に述べておこう。

方位磁針（コンパス）を用意して，導線の上に置く（図3-16）。このとき針と導線が平行になるように（つまり南北の向きに）置く。この導線を電池につないでショートさせる。すると針が振れるのが観察される。

図3-16

方位磁針の針は小さな磁石なので，この事実は電流によって磁界（磁力）が発生することを意味している。

実際の検流計には多くの工夫がなされているが，根本的な動作原理はこれである。**電流の磁気作用**という。

この事実が発見されたのは1820年，エールステッドによってである。この発見により電気と磁気に関係のあることが明らかとなり，後に電磁気学という学問体系が作られる基礎となった。

この事実はまた，導線をコイル状に巻くことによって棒磁石のような磁界を生み出せる（さらにその磁界で鉄芯を磁化させれば強力な磁石が作れる）という，電磁石の原理にもなっている。

確認問題

1　電流は電池のプラス極を出て電池のマイナス極に戻ってくるような向きに流れると約束されている。それでは，電池の中で電流はどうなっているのか？　電池の中に電流は流れていないか？　電池の中でもプラス極からマイナス極の向きに流れているか？　電池の中ではマイナス極からプラス極の向きに流れているか？　（ヒント：電流は回路をループする。極に蓄積したりしない。）

2　素子（豆電球）と電池の直列・並列つなぎについて整理せよ。豆電球の明るさはどうか。回路の各点における電流の大きさはどうか。

3　電流を流すと発熱する電熱線の電気抵抗は，電熱線が長いほど大きく，断面が太いほど小さい。この事実を，素子の直列・並列つなぎに対応させて説明せよ。3　（ヒント：細い導線を束ねて太い導線にすることができる。）

4 あなたはおそらくオームの法則V＝RIを知っており，本文中でこの式が用いられなかったことを奇異に感じているであろう．しかしながら，本文中で検討した豆電球の回路においてはこの法則は成立しない．それはなぜか，また，オームの法則とはどんな場合に成立する法則なのか，図書館やインターネットで調べよ．4 （ヒント：豆電球は白熱電球の一種で，抵抗の大きなフィラメントを電流が流れる際の「摩擦熱」で発熱・発光させている．金属は温度が上がると電気を通しにくくなる．）

より深く学習するための参考文献
・三上周治・野村治『新課程・理科実験かんさつプリント――授業に便利　小学校4年生』フォーラム・A，2002年
・Chabay, Ruth W. and Sherwood, Bruce A., *Matter and Interactions*, 3rd ed., Wiley, 2010
・McDermott, Lillian C. and the Physics Education Group at the University of Washington, *Physics by Inquiry : An Introduction to Physics and the Physical Sciences, Volume II*, Wiley, 1996
・Osborne, Roger and Freyberg, Peter, *Learning in Science : The implications of children's science*, Heinemann Educational Books, 1985

第4章

熱の移動と熱膨張

熱の移動や熱膨張は，物理，化学，生物，地学のあらゆる分野に顔を出す普遍的な現象である。熱の移動には3つの型がある。すなわち，熱伝導，放射，対流である。これらがどんなときに起きるか，またどのような仕組みの違いがあるかを理解することが本章の学習目標である。日常用語では区別されないが，温度と熱を意識的に区別しつつ読み進めていただきたい。

キーワード

温度　熱平衡状態　熱量　カロリー　比熱　熱伝導　放射
熱膨張　対流　摩擦熱　電子レンジ

1　熱と温度

(1)「温かい」「冷たい」の感覚

夏は暑く冬は寒い。お湯は温かく氷は冷たい。我々の体には温冷の感覚が備わっている。

古代ギリシャの哲学者アリストテレスの理論においては，「温かさ」と「冷たさ」は互いに対立する異なる性質であった。彼によると地球上の物質は「火」「空気」「水」「土」の4つの「元素」から作られており，これら「4元素」は「熱」「冷」「乾」「湿」という4つの性質が組み合わさってそれぞれの姿をとっているという。

現在の科学では「温かさ」と「冷たさ」は異なる2つの性質ではなく，同

じ1つの性質の程度が違ったものと考えられている。すなわち「冷たい」というのは「温かさ」が小さい(弱い)状態であると考える。反対に「温かい」というのを「冷たさ」が小さい状態であると考えることも可能だが,「温かさ」のほうに統一して考えている。

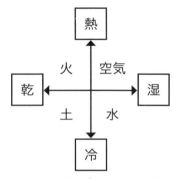

図4-1 古代ギリシャの4元素

科学においては客観性が重要である。人によって「熱い」「冷たい」など物事の感じ方には個人差があったり,状況によって変わったりするが,誰もが「客観的な事実」として確認できるような前提を拠り所にして,共通了解づくり(話し合い)を進めていく。

人の「感じ方」が必ずしも客観的でないことは次のような実験からもわかる。熱いお湯と冷たい水,室温の水を用意しよう。両手をそれぞれ熱いお湯,冷たい水にしばらくつけておいてから,両手を同時に室温の水に入れると,左右の手で異なる感覚を得る。同じ室温の水なのに,お湯につけておいたほうの手は「ぬるい」と感じ,冷水につけておいたほうの手は「温かい」と感じる。人によって,また場合によって「温かい」「冷たい」が異なっていては精密な議論ができないので,**温度**という概念によって温かさを数値化して客観的に扱うのだ。

しかしこのことは「科学というものは,人間が実際にどう感じるかは無視するものだ」というのではない。「いかなる条件のもとで人間に温冷の感覚がどのように引き起こされるか」という問題も科学的に研究される。しかしそのような研究を行うためにも,客観的な拠り所が必要である。いったん個人の感じ方を離れて客観的な指標を見出すことが必要である。

(2) 温度計

物体の温度は温度計を用いて測る。温度計と一口に言っても,さまざまな仕組みの物がある。家庭で用いる体温計は,今ではほとんどデジタル式の物であろう。これはサーミスタという,温度によって電気抵抗の値が変化する

素子を利用している。しかし，小学校の実験室でよく用いられるのは液体温度計，すなわちアルコール温度計である（以前は水銀温度計がよく用いられたが，水銀が人体に有害であるため使われなくなった）。これは測定の仕組みが比較的単純なので，熱についての学習を始める際にはこれを用いるとよい。

アルコール温度計は温まるにつれて細いガラス管の中の赤色の「棒」が上に伸びていく。そのようすは棒グラフを連想させる（目盛りの基準となっている0度や100度という値の取り決めについては第6章のコラムを読んでいただきたい）。

ちなみに「アルコール温度計」とは言うものの，実際にはエタノールのようなアルコールではなく，灯油が用いられている。目盛りを読みやすくするために色素を溶かして着色してある。

（3）熱平衡状態

熱い物と冷たい物をくっつけると，熱いものは冷め，冷たいものは温まり，やがて同じ温度になって落ち着く。熱いお茶が「冷める」のも，冷たいジュースが「ぬるくなる」のも，飲み物が部屋の空気と同じ温度になるプロセスである。このように，接触した物体同士が同じ温度になって，それ以上変化しなくなった状態，あるいは，1つの物体の中のどの部分も同じ温度で，どこにも温度のむらがなくなった状態のことを**熱平衡状態**という。加熱して温まっている途中や，冷えていく途中は熱平衡状態ではない。

温度計は，測ろうとする物に接触させ，両者がやがて熱平衡状態になるという事実を利用している。実は，温度計が表示しているのは，温度計自身の温度である。「熱平衡状態では，温度計と接触した相手の温度も温度計の温度に等しい」という考えに基づき，物体の温度を測定している。

さて，熱い物の温度を測るときにはその物体から熱をいくらか奪っているし，反対に冷たい物の温度を測るときにはその物体にいくらか熱を与えている。したがって「測定しようとする物が温度計に比べてある程度大きく，ちょっとくらい熱のやりとりがあってもその影響は無視できる」という条件でなければ物体の温度は測れない。温度計で風呂の温度を測るのは容易だが，小さな水滴の温度を測るのはうまくいかない。仮にその水滴が90度であったとしても，温度計を接触させることで温度計に熱が流れ出てたちまち冷えて

しまうからである。

　もう一点，温度計の使い方に関して注意をしておく。ビーカーで沸騰させたお湯の温度をアルコール温度計で測定すると，温度計は96度とか97度といった，100度よりも低い値を示してしまう。このため小学校の教科書によっては「水は約100度で沸騰する」とわざわざ「約」という断りを入れていたりする。なぜこのようなことが起きるのだろうか。

　温度計は，温度を測ろうとする物体と熱平衡状態にあることを前提に数値が目盛られているが，気温を測る場合はともかくとして，お湯の温度を測る場合に温度計全体をお湯に浸すようなことはあまりしない。本来は液溜めの部分だけでなく，温度計全体を熱平衡状態にしなければならないのである。温度計の水面から出た部分が部屋の空気で冷やされてしまうため，温度計は実際よりも低い値を示してしまう。

　水の沸点を測る際には，ビーカーではなく大きな丸底フラスコを用いて，温度計をその中に吊るして温度を測るようにすると，沸騰水と熱平衡状態にある水蒸気のおかげで，100度に近い値を得ることができる。

(4) 温度の変化と熱

　物体に熱が加わると温度が上がり，物体から熱が出ていくと温度が下がる（細かく言えば第6章で見る「潜熱」など，熱が出入りしても温度が変わらない現象は珍しくないが，とりあえずそれは後回しにしよう）。温度の変化は熱の流入ないし流出の目安となる。

　1グラムの水が1度温まったとき，1カロリーの熱を吸収したという。これが**熱量**の単位**カロリー**(cal)の定義である。

　「カロリー」は食品の熱量の単位としてなじみがあるだろう。「このケーキすごく美味しいけど300カロリーもあるんだって」などと言ったりするが，しかしおそらくそれは300キロカロリーのことである。食品の栄養表示にはkcalと書かれているが，日常会話では「キロカロリー」のことを「カロリー」と言ってしまうことが多いので注意しておこう。

　カロリーという単位に親しんでおこう。1グラムの水を10度温めるためには10カロリーの熱が必要であるし，10グラムの水を1度温めるのにもやはり

10カロリーの熱が必要である。

　では問題。10グラムの水を10度温めるのに必要な熱量はいくらか。

　答え。10×10＝100カロリーの熱が必要である。物体を温めるのに必要な熱量は，その物体の質量に比例するし，その物体を何度温めるかという温度（より正確に言うと加熱前，加熱後の温度差）に比例する。このことは水に限らず，物体一般に対して言えることである。

　冷却についても同じことが言える。物体を冷やすために奪う（取り除く）必要がある熱量は，その物体の質量と，何度冷やすかという温度差の両方に比例する。

　問題。80度のお湯300グラムが25度に冷めるのにどれだけの熱量を取り除かないといけないか。

　答え。まず1グラムあたりで考える。80－25＝55度だけ下げるためには55カロリー捨てることが必要。全部で300グラムあるからこの300倍，300×55＝16500カロリーの熱を捨てる必要がある。

(5) 比熱

　水1グラムを1度温めるのに必要な熱量が1カロリーであった。では鉄1グラムを1度温めるにはどれだけの熱量が必要だろうか。実は鉄1グラムを1度温めるには0.1カロリーあればよい。言い換えれば，鉄1グラムに1カロリーの熱を加えると，温度は10度も上昇する。このように1グラムの物質の温度を1度上昇するために必要な熱の量は物質ごとに違った大きさを持っており，それを**比熱**と呼んでいる。

　問題。水の比熱はいくらか。答え。定義により1カロリーである（単位まで含めて正しく言えば1 cal/g度である。分母に1グラムあたり，1度あたりというのがつく）。

　さて，鉄以外の固体の比熱もだいたい同じくらいで，0.1カロリーとか0.01カロリー程度の大きさである。また，水以外の液体として，たとえばアルコールの比熱は0.5カロリー程度，すなわち水の半分くらいである。ほとんどの物質は水より小さな比熱を持つ。

　したがって水は他の物質と比べて，温度を上げるためにたくさんの熱を加

えることを要求するし、温度を下げるためにたくさんの熱を放出させなければならない。このような事情のため、水は「温まりにくく冷めにくい」物質であるといわれる。

2　熱の伝わり方

(1) 熱の移動の仕方1──熱伝導

　熱いスープに突っ込んでおいた金属製のスプーンが熱くなるのを経験したことがあるだろう。スープからスプーンに熱が伝わり、さらにスプーンの内部で液面上の手で持つ所まで熱が伝わってきたのである。このように熱は物質中を伝わっていく。これを**熱伝導**という。

　また、金属製のスプーンよりも、プラスチックや木製のスプーンのほうが持つ所があまり熱くならないことも経験しているであろう。物質中を熱が伝わっていく速さは物質ごとに違った大きさを持っている。

　どの物質がどれくらい熱を伝えやすいかは、熱伝導率という値で表現される。その値が大きいほど熱を伝えやすい物質である。金属の熱伝導率は木の熱伝導率よりも大きい。

　残念ながらこの世界には熱をまったく伝えない物質、熱伝導率がゼロの物質は存在しない。このことは完全な「断熱」が不可能であること、「保温」には限度があることを意味している（それでは「真空」であれば熱の移動をゼロにできるかというとそうではない。2(2)を参照）。

　今、同一の熱い物体を金属の箱に入れた場合と、木の箱に入れた場合を比べてみよう。どちらも同じ部屋の中に放置するとして「どちらが断熱性に優れているか」と問えば、当然、熱伝導率の小さな木のほうだと答えるであろう。それでよい。木の箱に入れておいたほうがより長い時間、中の物体の高温は保たれる。

　では少し質問を変えて「最終的に物体が冷めて室温になるまでに、どちらの箱が多くの熱を通過させるだろうか」と問うてみる。答えは、どちらも同じだけの熱を通過させる。同じ物体が同じだけ温度を下げたのであれば、失った熱の量は同じである。結局、保温（保冷）や断熱というのは、熱の移動を

できるだけ遅くするということである。

　さて，あなたが今部屋の中にいるなら，いろいろな物を手で触り，どれが高い温度でどれが低い温度かを予想してみてほしい。熱いお茶や冷たいジュース，発熱する機械などがあればそれらは明らかに高温だったり低温だったりすることがわかるだろう。問題は，部屋にずっと放置されていて発熱したりしない物，たとえば木製の物と金属製品の温度の大小である。触ってみた感じはおそらく金属のほうがひんやりとしており，低温と判断するのではないだろうか。

　しかしこれは正しくない。実際，温度計を密着させて測ってみれば，どちらも同じ温度，室温であることがわかる。部屋の空気に長い時間触れ続けているのだから，部屋の空気と熱平衡状態，同じ温度になるのである。

　それでは手で触れて冷たく感じたのは錯覚だったのだろうか。そうではない。冷たいと感じるのは，手から熱が奪われるときである。室温は体温よりも低いから，木も金属も確かに手から熱を奪うのであるが，冷たいと感じるためには，効率よく次々と熱が奪われなければならない。金属は熱伝導率が高いためよく熱を奪ってくれるが，木などはなかなか奥のほうに熱が移動していかないのである。

　物体に触れたときの皮膚の温冷の感覚は，温度だけを示しているのではなく，その物体の熱伝導率もまた反映していることに注意する必要がある。

(2) 熱の移動の仕方2——放射

　「太陽の熱はどうやって地面に伝わるか」という問題を考えていただきたい。ある学生はこう答えた。「空にある太陽から熱が大気を伝わってきて地面が温まる」この答えのどこがおかしいかわかるだろうか。

　詳しくは第12章で学ぶが，太陽というのは，小さな明るい「マル」が空中に浮かんでいるのではない。直径約139万2千キロメートルという巨大な球体が，約1億5千万キロメートルのはるか彼方に小さく見えているのである。太陽と地球の間は「真空」であり，その間に物質はなく，熱伝導はない。

　熱は，間に物質がなくても，電磁波という形で移動する。これを**放射**という。一口に電磁波と言ってもいろいろな種類のものがあるのだが（「紫外線」と

か「赤外線」とか聞いたことがあるだろう），ともかく高温の物質からはたくさんの電磁波が放射される。どんな温度でどんな電磁波が出るかという理論ができていて，これに基づいて計算すると太陽の表面は約6000度と求められた（表面ではなく中のほうはもっともっと熱いと考えられている）。

　太陽表面から放射された電磁波は宇宙空間の「真空」を伝わり，地球にやってくる。太陽からやってきた電磁波はオゾン層や大気中の水蒸気や二酸化炭素，地面に吸収されてこれらを温める。ただしこの際，大気よりも地面のほうが効果的に電磁波を吸収するため，気温よりも地温が先に上昇する。温まった地面がまた電磁波（赤外線）を放射し，大気がこれをよく吸収して気温が上がる。大雑把に言うと，太陽の放射で地面が温まり，地面の放射で大気が温まるという順序である。実際，晴れた日には，太陽が南中して約1時間後に地温が最高温度に達し，さらにその1時間後に気温が最高温度になる。大気の現象は第14章で学習する。

　さて，放射は太陽のような高温の物体だけで起こる特殊な現象ではない。常温の物体や低温の物体でも，出てくる電磁波の種類と強さが違うだけで，常に電磁波を放射したり，それを吸収したりしている。あなた自身の体も電磁波（もっぱら赤外線）を放射している。医療や軍事で用いられるサーモグラフィはこれを利用し，目で見ることのできない体内や暗闇の中のようすを「見える」ようにしている。

　ところで1(3)では2つの物体を「くっつけると」あるいは「接触させると」熱平衡状態になると述べた。しかし放射という熱の伝わり方もあるため，たとえ空間的に離れていても熱平衡状態は実現しうる。知識を更新していただきたい。

3　熱膨張

(1) 熱膨張

　ほとんどの物質は温度が上がると**膨張**する。すなわち長さや体積が増える。どれくらい膨張するかは物質ごとに違っていて，膨張しやすい物もあれば膨張しにくい物もある。どの物質がどれくらい膨張するかは，熱膨張率という

値で表現される。その値が大きいほど膨張しやすい物質である。

問題。「金の延べ棒は熱膨張するので冬よりも夏のほうが重くなる」というのは正しいか。

答え。正しくない。なぜ正しくないのか。「金の延べ棒は熱膨張しないから」と考えたのであれば誤りだ。実際，金は温度が1度上がると，1メートルあたり0.014ミリメートルくらい伸びる（固体の熱膨張はだいたいこの程度の大きさなので日常生活の中ではふつうあまり気づかない）。長さが増えれば体積も増える。しかし重さは変わらない。膨張というのはあくまで長さや体積の変化であって，重さ，質量は変わらないのである。第1章で学んだように質量と体積を区別することが大切である。

ではもう1題。夏と冬とで，金の延べ棒の密度はどちらが大きいか。答えは自分で考えよ。

さて，地球上で我々が目にする物質は通常，固体，液体，気体のいずれかの状態にあるが，どの状態にあっても，ほとんどの物質は熱膨張する。ただし，熱膨張率，すなわち熱膨張の大きさは気体＞液体＞固体の順になっている。したがって熱膨張のことを知らない子どもたちに熱膨張を実感させるには，まず気体を用いるのがよい。たいていの教科書は気体，液体，固体の順に熱膨張を扱っているはずである。ここでは逆の順番で説明するが，子どもたちに教える際には配慮していただきたい。

(2) 固体の熱膨張

厚手のガラス製のコップや牛乳瓶に熱湯を注いで割ってしまった経験があるかもしれない。これは熱湯に触れたグラスの内側が急激に温められ膨張するのだがガラスの熱伝導率が低いため，グラスの外側にはなかなか熱が伝わらず，内側の膨張についていけないために起きる現象である（このような原因であるため，薄手のグラスよりもむしろ厚手のグラスのほうが熱湯を注いだときに割れやすい）。これと同じで，蒸発皿を使って加熱実験をしていると

図4-2　金属球膨張実験器

きに，蒸発皿を濡れ雑巾の上に置いてはいけない。割れてしまう。

電車に乗ると「ガタンゴトン」という周期的な音を聞くことがある。これはレールの継ぎ目を車輪が通過するときの音である。なぜレールに継ぎ目があるのか。少し隙間を作っておかないと，夏の暑さで膨張してレールが歪んでしまうためである。

その他，熱を発する機械や，温度が大きく変化しうる場所の構造物は熱膨張を考慮に入れて設計，製造，使用されねばならない。実際，熱膨張率の低い特殊な耐熱ガラスや合金が開発され用いられている。

熱膨張は必ずしも迷惑な現象とは限らず，積極的に利用されることもある。たとえば瓶詰めの金属製のふたがなかなか開かないとき，お湯で（あるいはお湯につけた布巾で）ふたの部分を温めると簡単に開けることができる。

固体，とくに金属の熱膨張を実演するためのポピュラーな実験道具がある。金属製のリングと，それよりも少し小さな直径を持つ金属球のセットである。金属球はリングを通過できるサイズなのだが，ガスバーナーで金属球を熱するとリングを通らなくなる。すなわち，熱膨張したということである。

（3）液体の熱膨張

液体も熱膨張する。これが液体温度計の仕組みであった。先に見たように固体も熱膨張するのであるから，温度計の液体を封じているガラスもまた熱膨張するはずである。もし液体が膨張するのと同じ割合でガラス管も膨張するのであれば，温度計の液柱は上昇しないはずである。しかし現実に液柱は上昇する。すなわち，ガラスの熱膨張率は「アルコール」(灯油)の熱膨張率よりも小さいということである。温度計の目盛りが実際に反映しているのは，「アルコール」の熱膨張とガラス管の熱膨張の差である。一般に，液体は固体よりも大きな熱膨張率を持っている。

（4）気体の熱膨張

空気を入れて膨らませたビニール製のビーチボールや浮き輪を，夏の炎天下や窓際に置いておくとパンパンに膨らんでいる。

一般に気体の熱膨張率は液体よりもさらに大きい。子どもたちに熱膨張を

はっきり演示して見せるのに，固体の場合には金属球とリングという特殊な実験器具を使ったり，液体の場合には温度計のように細長いガラス管に閉じ込めたりする工夫が必要であるのに対して，気体の場合は空気を注射器に閉じ込めて熱湯をかけたり氷水につけたりという程度の実験で簡単に示すことができる。小さな温度差でもそれなりに膨らむので，試験管の口に石鹸水で膜をはり，試験管を手で暖めるだけで膜が外側に膨らむことを確認できる。

図4-3　空気の膨張
イラスト）金子亮太

気体の熱膨張の利用として，熱気球が挙げられる。その仕組みを簡単に説明しよう。

液体や気体（まとめて流体という）の中にある物体には浮力が働く。流体の中で物体が沈むか浮くかは，重力と浮力の大小関係で決まるが，それはまた物体と流体の密度の大小関係で決まる。たとえば水の中に何か物を入れたとき，これが底に沈むか浮かんでくるかという問題は，その物の密度がわかれば答えられる。水の密度は $1\,\mathrm{g/cm^3}$ であるから，物の密度が $1\,\mathrm{g/cm^3}$ よりも大きければ沈むし，$1\,\mathrm{g/cm^3}$ よりも小さければ浮かんでくる。

熱気球では，炎で熱した熱い空気をバルーンの中に送り込む。膨らんだバルーンの中に含まれる気体は，熱膨張しているため，バルーン外の空気よりも密度が低い。このため，浮力が重力に打ち勝って浮上する。

（5）例外的な物質

ほとんどの物質は熱膨張するのだが，例外的に，温度が上がると体積が小さくなる物質も存在する。たとえば，ゴムひもでおもりを吊るして，ゴムひもに（燃えないように）火を近づけて温めると，おもりが持ち上げられる。温められることでゴムひもが縮まったということである。

もう一つ，重要な例外がある。それは水，ただし0度から4度までの水である。この温度範囲内では，水は温めると体積が小さくなる。これは第6章で説明する「氷が水に浮く理由」と関係がある。0度から4度という温度範囲では，氷のような「中心部に隙間のある構造」がまだ多く残っているため

と考えられている。

（6）熱の移動の仕方3——対流

　試験管に7分目くらいまで水を入れて傾けて持ち，アルコールランプの炎で30秒ほど加熱する（注意：危ないので沸騰させないこと。沸騰させる場合には，試験管に入れる液体の量はせいぜい5分の1～4分の1程度にしておかないといけない）。このとき①試験管の上のほう，水面付近を加熱する場合と，②試験管の底の部分を加熱する場合とで，熱の伝わり方に違いが出る。手でそっと触って確認する（やけどに注意）。

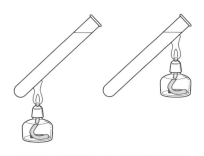

図4-4　試験管の中の水の温まり方

　①水面付近を加熱する場合……底のほうはほとんど温度が変わっていない。
　②底の部分を加熱する場合……水面付近が温かくなっている。
　すなわち，熱は下から上にはよく伝わったが，上から下にはあまり伝わらなかった。なぜだろうか？
　底のほうを熱したとき，よく観察すると水の「もやもや」が上昇していくのが見られる。加熱して温度が上がった水が膨張し，浮力によって上昇していったのである。その代わりにまだ温度の高くない水が下りてくる。こうして温度の高い水は水面の近くにたまることになる。
　このように，液体や気体は温まると上方に移動していくが，これは，物質自体は動かない熱伝導とは異なり，温まった物質そのものが熱を運び去る現象である。このような熱の移動を**対流**という。
　対流によって理解できる重大な事実を紹介しよう。大きな湖の湖底付近の温度は，真冬であっても4度に保たれることが知られている。もし0度以下になって凍ってしまったら，魚は生きていられない。なぜ湖底付近の水が4度までしか下がらないか，その仕組みを考えてみよう。3（5）で述べたように4度という温度は水にとって特別な値であり，これが謎を解く鍵になる（読み進める前にまずは自分で仮説を立ててみていただきたい）。

外気の寒さで湖の水面が冷やされていくとしよう。このとき熱膨張の逆（温度が下がると体積が小さくなる）が起きる。水面の水の温度がたとえば10度から9度に下がると，水の密度が大きくなり，冷えた水は湖底に沈み，代わりにまだ10度の水が深いところから浮いてくる。これを繰り返して湖全体が9度に冷える。このプロセスが，8度，7度，……と続いていき，ついに4度になったときに状況が一変する。

4度から0度までの水は熱膨張の例外物質であった。水面の水が4度から3度に冷えると，今度は密度が小さくなる。すると湖底に沈んでいかず，水面付近に浮かんだままになる。こうなって以降，水は水面に近いほうから順に（熱伝導で）冷えていくようになるが，水の比熱は大きく（温度を下げるためにはたくさん熱を奪わねばならない）熱伝導率も低い（熱の移動に時間がかかる）ため，なかなか底のほうまでは冷えていかない。湖底付近の水が4度より低くなる前に冬が終わってしまう，という仕組みである。

さて，以上で熱の移動の3つの型，すなわち熱伝導，放射，対流が出揃った。物を効果的に温めたり冷やしたりするためには，この3つの現象を効果的に用いる必要がある。反対に，断熱・保温を目的とする場合には，これらの現象をできるだけ抑えることが必要である。

例として，断熱材としての空気を考えよう。空気は，熱伝導率は（金属などと比べて）低いのだが，対流を起こすため熱を運び去りやすい。そこで空気を断熱材として利用するには，対流が起こりにくいように大部屋ではなく小さな部屋に細かく分けてやる。たとえば発泡スチロールはこのような工夫を用いているし，綿や羽毛の中にも小さな空気の部屋がたくさんできているため保温性が高い。

4 いろいろな熱現象

（1）熱を加えない「加熱」

摩擦熱はなじみ深い現象であろう。手を擦れば温かい。皮膚の温度が上昇したわけだが，さて，このとき熱はどこから流れてきたのだろうか。周囲に

高温の物体は見当たらないではないか。熱は摩擦によって「発生」したように見える。

　物体の温度を上昇させるためには，必ずしも外部から熱を加えなくてもよい。たとえば，木材を切断した直後ののこぎりや，自転車のタイヤに空気を入れた直後の空気入れのシリンダは熱くなっている。摩擦をしたり，圧縮をしたりすることによっても，物体の温度は上昇しうる。

　もう一つ，物体の温度を上げるのに，高温物体から流れ込む熱を用いないケースを紹介しておこう。それは電子レンジである。**電子レンジ**はマグネトロンという装置を使って発生させた電磁波（マイクロ波）を食品に照射して吸収させ，分子を揺さぶることによって温度を上昇させる。電磁波の吸収という点では熱放射と同様であるが，照射される電磁波が高温物体から放射されてきたものではないという点で「高温から低温への熱の移動」とは異なる。

(2) 補足——潜熱と反応熱

　1(4)で少し言及したが，温度変化を伴わない熱の移動の仕組みが存在する。それは状態変化というありふれた現象である。状態変化というのは固体，液体，気体の間の変化である（詳しくは第6章で学ぶ）。ここでは液体から気体に変化する場合を例に挙げる。

　意外に思うかもしれないが，室温を指している温度計に扇風機の風を当ててもその温度は下がらない。扇風機から送られてくる空気そのものが室温なので熱の移動が起きないためである。

　しかし扇風機の風に当たれば涼しく感じるのも事実である。これは錯覚ではなく，我々の皮膚から出ている水蒸気が風で飛ばされ，それによって皮膚からさらに水蒸気が飛び出し，熱を運び去ってくれるからである。液体の一部が蒸発して気体になるときには，残りの液体から熱を奪っていく。したがって温度計を水で濡らして風を当てると温度は下がる。

　水は100度で沸騰し，たとえ加熱し続けても，液体の水が残っている限り100度のままであることは知っているだろう。ここで沸騰現象は液体の水を「冷却」していることに注意せよ。もし沸騰が起こらなければ，加熱し続けているのだから水は100度を超えて温度が上がり続けるはずである。このよう

に温度上昇ではなく状態変化に用いられた熱を潜熱という。

　これまで物体を加熱するための高温物体の存在について，とくに深く考えてこなかった。高温の物体として我々にとってもっともなじみ深いのは火，炎である。理科実験で用いるアルコールランプやガスバーナーの炎は一番熱い所で1500度を超える。このような炎の高温は何に由来しているのだろうか。

　炎はアルコールやガスが燃焼する（酸素と結びつく）ことにより，それら燃料の中に蓄えられていたエネルギーが熱として解放されているのである。このような熱を燃焼熱という。一般に，化学反応によって生じる熱を反応熱という。燃焼に関しては第8章で学ぶ。

確認問題

1　熱の移動の3種類について整理せよ。また，これに関連させてデュワー瓶（魔法びん）の仕組みについて図書館で調べよ。
2　金属の熱膨張を演示するための金属球と金属製リングのセットのなかには，鉄球よりも直径が小さいリングがついた物もある。球ではなくこのようなリングのほうを加熱すると，金属球はリングを通るようになるだろうか。すなわち，リングを加熱すると，穴は大きくなるだろうか。それとも膨張によって穴は小さくなってますます鉄球を通さなくなるだろうか（ヒント：金属の熱膨張は一様に生じる。すなわちどの部分をとっても上下左右同じだけ大きくなる。紙にリングの絵を描き，コピー機で拡大コピーしてみるとよい）。
3　あなたの家にある暖房器具（エアコン・ストーブ・こたつなど）はどのような仕組みで部屋やあなたの体を温めているか，考察せよ。

より深く学習するための参考文献
・青木和夫編『系統看護学講座　基礎分野　物理学　第6版』医学書院，2000年
・板倉聖宣『科学的とはどういうことか——いたずら博士の科学教室』仮説社，1977年
・小原國芳監修，伴野雄三編『玉川新百科2　物理(1)』誠文堂新光社，1970年

- 近角聡信『日常の物理事典』東京堂出版，1994年
- 日本気象学会教育と普及委員会編『教養の気象学』朝倉書店，1980年
- 三上周治・野村治『新課程・理科実験かんさつプリント――授業に便利　小学校4年生』フォーラム・A，2002年
- 山本義隆『熱学思想の史的展開――熱とエントロピー　1』筑摩書房，2008年
- Hewitt, Paul G., Suchocki, John and Hewitt, Leslie A『物理科学のコンセプト2　エネルギー』小出昭一郎監修，黒星瑩一訳，共立出版，1997年

第5章

物質の構成と原子・分子

　この章では，身の回りのいろいろなものの材料について理解を深めよう。人類は古代から，この世の中の物質が何でできているのかを研究してきた。紀元前4世紀頃，古代ギリシャのアリストテレスが唱えた四元素論は，火，水，空気，土，という4つで物質が作られているというものであった。その後，文明の発展とともに，物質の姿や構成について明らかになった。現在は，物質を構成する元素 (element) として，約110種類ほどが明らかになっている。

キーワード

金属　物体　物質　原子　元素　周期表　放射性元素　質量保存の法則
定比例の法則　分子　原子核　電子　モル (mol)　同素体

1　物質のなかま

(1) 金はなぜうれしいのか

　オリンピックでもノーベル賞でも，最高位には金メダルが与えられる。1位から順に金，銀，銅と続く。結婚記念日も25年で銀婚式，50年で金婚式である。クレジットカードや会員制クラブなども，ゴールド会員，プラチナ会員など，金属の種類によってプレミアがつく。金やプラチナはなぜうれしいのだろうか。

　昔から，金は貴重だった。金はどこにでもあるわけではないし，いつまで

も錆びたり腐食したりせずに光り輝いている。金があるところを探し出して砂金を取ったり，鉱山などから金を取り出したりするのは大変な作業である。だから金の冠や首飾りなどを身にまとうことができるのは，家来がたくさんいる権力者たちだけだった。王様たちは，苦労して地面から取り出す代わりに，他の物質から金や貴金属を作り出すことはできないかと考え，家来たちに研究させた。金などの高価な物質を他の物質から作り出そうとする技術のことを錬金術と呼ぶ。錬金術の研究は何千年も続いたが，とうとう成功しなかった。金は金，鉛は鉛であり，熱したり薬品に溶かしたりしても，鉛から金を作ることはできないことがわかったのである。しかし，錬金術師たちの研究の積み重ねによって，さまざまな物質や反応の仕組みが明らかになり，化学の発展につながった。

column 金のはなし

　　金は，地球上に50メートルプール3杯分くらいしかないといわれ，どこで買っても重さによって価格がだいたい変わらないため，資産として保有する人も多い。日本でも，金が採取できた時代があったが，現在はほとんど採れない。金はとても重く，映画などで見られるカステラ1本くらいの大きさの金の延べ棒で，12 kgから15 kgくらいといわれる。

　　アクセサリーやチェーンに見られる，18金や24金とはどういうことだろう？24金は純金ともいわれ，金100％でできているが，18金は18/24（つまり3/4＝75％）だけが金で，残りの25％は，銅や銀などを混ぜて作られている。このように，いくつかの金属を混ぜて作られる物質を合金という。

　　オリンピックの金メダルは，表面は金であるが中は銀でできている。オリンピック委員会で，金メダルには，表面には純金を使用し，中は銀で作るという取り決めがある。もしも金メダルがすべて純金で作られていたら，ひじょうに高価で，しかもとても重いメダルになってしまうだろう。金メダルのように，中は表面とは異なる金属で作られ，外側だけを金などでコーティングしたものをメッキという。

(2) 金属のなかま

金を銀や鉄から作ることはできないが，金も銀も鉄も，同じ**金属**のなかまである。金属は，光沢がある，たたくと薄く広がり（展性），引っ張ると長く伸びる（延性）など共通の性質があり，石器のように壊れたりせず材料として優れていたため，昔から多くの道具に使われた。また，電気を通しやすく熱を伝えやすい性質もあり，現代の生活も金属なしでは考えられないと言って

---

column　さまざまな金属と金属利用の歴史

　金や銀，銅，鉄などは金属のなかまである。人類は昔から，自然界に存在するさまざまな金属を利用して文明を発展させてきた。遺跡や古墳では，装飾品や道具として利用された金属が出土遺物として数多く見つかっている。最初に利用した金属は自然に産出する金や銀などで，古くから装飾品として使われた。ツタンカーメンの黄金のマスクが作られたのは，紀元前13世紀といわれている。また，1万年前に描かれたといわれるスペインのアルタミラ洞窟の壁画には，鉄（Fe）を含む赤鉄鉱（Fe_2O_3）が使われている。その後，鉱石から金属を取り出すことができる技術の発展とともに金属の利用も発展してきた。

　銅は，もっとも古くから人類に利用されてきた金属の一つであり，紀元前7000年より前から道具として使われてきた。純粋な銅はとても柔らかいため，他の金属と融かし合わせて合金として利用されることが多い。スズとの合金である青銅のほか，亜鉛との合金である真鍮（または黄銅），ニッケルとの合金である白銅など，純粋な銅より硬い合金はさまざまな用途で使われている。

　鉄は，現在もっとも多く使われている金属である。鉄の利用は紀元前1500年頃に始まり，鉄鉱石から鉄を取り出し，銅や青銅よりも硬くて丈夫な道具が作られるようになった。映画「もののけ姫」にも出てくる「タタラ製鉄」は，砂鉄を原料にして鉄を取り出し鋼鉄を作る日本古来の伝統技術である。純粋な鉄は比較的軟らかいが，少量の炭素を混ぜた鋼鉄はひじょうに硬く強いので，鉄道のレールや大きな建造物の中で使われている。

　アルミニウムは，鉄の次に多量に使用されているが，原料であるボーキサイトからアルミニウムを取り出すには技術と大量のエネルギーが必要であるため，その利用の歴史は浅い。軽くて軟らかく，錆びにくいので，アルミニウム箔や飲料缶，スナック菓子の袋などの日用品のほか，電気製品にも多く使われている。

いいほど至る所に金属材料が用いられている。

　小学校3年生で，電気の回路の中にいろいろな物をつないで電球が光るかどうかを調べ，金属は電気を通す，と学ぶ学習がある。クリップや画びょう，コップなどを調べるだろう。このとき，クリップにもプラスチック製のものもあるし，コップにも紙コップと金属のコップがあるので，「クリップはつく」「コップはつかない」などとは決められない。クリップやコップという名前は，用途や形を表す名前であり，それを**物体**という。一方，電気を通すかどうかは，それぞれがどんな材料でできているかによって決まるのであり，そのものの材料を**物質**という。

　電気を通すか通さないかを調べることで，金属のなかまかそれ以外（非金属）かを分類することができる。電気を通したものを並べてみると，ピカピカ光る，触ると冷たいなどという共通の特徴があり，これは金属のなかまの特徴でもある。

　電気を通して物質を分類するのと同様に，磁石に引きつけられるものを分類する学習でも，はさみやクリップなどの物体ではなく，その材料である物質に着目しなければならない。しかし，身の回りで磁石に引きつけられる物質は鉄だけであり，アルミニウムや銅などは磁石に引きつけられない。磁石を使うと，身の回りの鉄を見つけ出すことができる。厳密には，ニッケルやコバルトという金属も磁石に引きつけられる。

2　物質のもとは約110種類の元素

(1) 物質は原子でできている

　地球上には，鉱物や生物，工業製品などを構成するさまざまな物質があるが，それぞれをどんどん分けていくと，これ以上分けることができない小さな粒子である**原子**に行きつく。その粒子（原子）は，約110種類あると考えられており，それらの種類を**元素**という。これまで述べてきた，金，銀，銅，鉄，アルミニウム，鉛，亜鉛，炭素，スズなどはどれも元素である。

　現在，宇宙全体で約1000万以上の物質があるとわかっているが，そのすべての元をたどると，約110種類の元素の組み合わせである。これらの元素は

すべて**原子**と呼ばれる小さな粒子でできているため、物質は約110種類の原子がさまざまに結びついてできているということになる。

表5-1は、人体に含まれるそれぞれの元素の質量比である。もっとも多い酸素の大部分は、水素と結びついて水分になっている。また、水素と炭素、窒素などと結びついてタンパク質などになっている。

ほかにも、ナトリウム(Na)、マグネシウム(Mg)、リン(P)、イオウ(S)、塩素(Cl)、カリウム(K)、カルシウム(Ca)など、多くの元素が含まれるが、これらは、ミネラル(無機質)と呼ばれる栄養素を通して私たちの体に取り入れられている。

酸素は、地殻の中にももっとも多く含まれ、ケイ素と結びついて多くの岩石や鉱物に含まれている。ほかにも地殻には多くの金属が含まれている。

元素には、それぞれ元素記号という世界共通の記号がつけられている。元素の名前や元素記号は、その性質を表すラテン語やギリシャ語、神話、産地や科学者名から作られたものが多い。たとえば、水素のHは、ギリシャ語で「水を作るもの(Hydrogen)」、酸素のOは、ギリシャ語の「酸を作るもの(Oxygen)」、炭素のCはラテン語の「木炭(Carbon)」の頭文字である。

表5-1 人体の中に含まれる元素
(質量比%)

酸素	O	65.0
炭素	C	18.0
水素	H	10.0
窒素	N	3.0
カルシウム	Ca	1.5
リン	P	1.0
少量元素(S, K, Na, Cl, Mg)		

表5-2 地殻の中に含まれる元素
(質量比%)

酸素	O	49.5
ケイ素	Si	25.8
アルミニウム	Al	7.6
鉄	Fe	4.7
カルシウム	Ca	3.4
ナトリウム	Na	2.6
カリウム	K	2.4
マグネシウム	Mg	1.9
水素	H	0.9

出所) 文部科学省、科学技術週間「一家に1枚 元素周期表」第8版、http://stw.mext.go.jp/index.html、2016年1月8日確認

(2) 元素と周期表

約110種類の元素名を一覧にしたものが**周期表**である。もっとも軽い元素が水素、次がヘリウム、3番目がリチウムである。1段目が2つ、2段目と3段目が8つずつになっているのは、性質が似ている元素が縦に並べられて

いるからである。周期表は，1869年にロシアの化学者メンデレーエフによって発表され，元素を軽い順に並べると，化学的に似た性質を持つなかまが周期的に出てくることから，それらが縦に並ぶように作られた。

たとえば，一番右のヘリウム，ネオン，アルゴンは，他の元素と結びつくことがほとんどない安定した元素である。また，一番左のリチウム，ナトリウム，カルシウムなどは，どれも常温で水と反応するような激しい性質を持つ金属のなかまである。

約110種類の元素のうち，約80種類が金属である。携帯電話に使われるリチウム電池のリチウム，肥料に含まれるカリウム，骨を強くするのに重要な栄養であるカルシウムなども，金属のなかまである。

金属でない元素は，周期表の右上に多く位置している。地殻や鉱物の中に存在しているケイ素や硫黄(いおう)，酸素や水素，炭素なども金属でない元素である。周期表に示された元素の中には，キュリウムやレントゲニウムなど科学者の名前がついた元素や，自然界にはほとんど存在しない元素もある。2016年に

1	2	3	4	5	6	7	8	9	10	11	12	13	14	15	16	17	18
1 H [1.00784; 1.00811]																	2 He 4.002602
3 Li [6.938; 6.997]	4 Be 9.0121831											5 B [10.806; 10.821]	6 C [12.0096; 12.0116]	7 N [14.00643; 14.00728]	8 O [15.99903; 15.99977]	9 F 18.998403163	10 Ne 20.1797
11 Na [6.938; 6.997]	12 Mg [24.304; 24.307]											13 Al 26.9815385	14 Si [28.084; 28.086]	15 P 30.973761998	16 S [32.059; 32.076]	17 Cl [35.446; 35.457]	18 Ar 39.948
19 K 39.0983	20 Ca 40.078	21 Sc 44.955908	22 Ti 47.867	23 V 50.9415	24 Cr 51.9961	25 Mn 54.983044	26 Fe 55.845	27 Co 58.933194	28 Ni 58.6934	29 Cu 63.546	30 Zn 65.38	31 Ga 69.723	32 Ge 72.630	33 As 74.921595	34 Se 78.971	35 Br [79.901; 79.907]	36 Kr 83.798
37 Rb 85.4678	38 Sr 87.62	39 Y 88.90584	40 Zr 91.224	41 Nb 92.90637	42 Mo 95.95	43 Tc [99]	44 Ru 101.07	45 Rh 102.90550	46 Pd 106.42	47 Ag 107.86852	48 Cd 112.414	49 In 114.818	50 Sn 118.710	51 Sb 121.760	52 Te 127.60	53 I 126.90447	54 Xe 131.293
55 Cs 132.9054519	56 Ba 137.327	57〜71 ※	72 Hf 178.49	73 Ta 180.94788	74 W 183.84	75 Re 186.207	76 Os 190.23	77 Ir 192.217	78 Pt 195.084	79 Au 196.966569	80 Hg 200.592	81 Tl [204.382; 204.385]	82 Pb 207.2	83 Bi 208.98040	84 Po [210]	85 At [210]	86 Rn [222]
87 Fr [223]	88 Ra [226]	89〜103 ※※	104 Rf [267]	105 Db [268]	106 Sg [271]	107 Bh [272]	108 Hs [277]	109 Mt [276]	110 Ds [281]	111 Rg [280]	112 Cn [285]	113 Uut [284]	114 Fl [289]	115 Uup [288]	116 Lv [293]	117 Uus [293]	118 Uuo [294]
※	57 La 138.9054	58 Ce 140.116	59 Pr 140.90766	60 Nd 144.242	61 Pm [145]	62 Sm 150.36	63 Eu 151.964	64 Gd 157.25	65 Tb 158.92535	66 Dy 162.500	67 Ho 164.93033	68 Er 167.259	69 Tm 168.93422	70 Yb 173.054	71 Lu 174.9668		
※※	89 Ac [227]	90 Th 232.0377	91 Pa 231.03588	92 U 238.02891	93 Np [237]	94 Pu [239]	95 Am [243]	96 Cm [247]	97 Bk [247]	98 Cf [252]	99 Es [252]	100 Fm [257]	101 Md [258]	102 No [259]	103 Lr [262]		

※ランタノイド　　※※アクチノイド

図5−1　元素周期表

出所）国立天文台編，理科年表Web版，2015年

は，113番目の元素としてニホニウム（Nh）が発見された。

化学者と化学研究の歴史
——元素の周期表ができるまで

　元素の周期表の形ができるまでには，多くの研究者たちが実験して発見したことを発表したり議論したりする長い歴史があった。

　古代ギリシャのターレスは，「すべての物は水でできている」と考えた。また，アリストテレスは火，空気，水，土の4つが元素と考え，この考えが18世紀後半まで受けつがれた。気体の研究が進み，空気には，二酸化炭素，水素，窒素，酸素などの気体が混ざっていることが発見された。

　ラボアジェ（1743-1794）は，正確な測定を用いた実験を行い，ダイヤモンドが炭素の一つの形態であることや，水が酸素と水素からできていることを明らかにした。「それ以上分解されないものが元素である」と考え，33種類の元素を提唱した。また，水を煮沸した前後や燃焼反応の前後で質量が等しいことも発見した。これが「**質量保存の法則**」である。

　プルースト（1754-1826）は，さらに精密な分析を行い，すべての化合物に含まれる元素の割合は常に一定であることを発見した。たとえば，炭酸銅を調べると，その中には，炭素，酸素，銅の質量の比が1：4：5.3となっているということである。これは「**定比例の法則**」と呼ばれている。

　ドルトン（1766-1844）は，水には，水素と酸素が質量において1：8の割合で含まれていることを明らかにした。古代ギリシャの哲学者デモクリトスが唱えた「これ以上分けられない粒子＝原子（atom）」の考えに基づき，酸素1原子は水素1原子の8倍の質量を持つと仮説を立てた。もっとも軽い水素の原子の質量を1として，物質を軽い順に並べて周期表の原型を作り上げたのである。その後，ゲイ＝リュサック（1778-1850）の実験によって，水は，2個の水素原子と1個の酸素原子でできていることが明らかになった。

　メンデレーエフ（1834-1907）は，さまざまな化学者が発見した63の元素を軽い順に並べ，性質の似ている元素が縦に並ぶような現在の形の周期表を発表した。並べていくと，当時はまだ見つかっていない元素もあったが，きっとあるはずだと予言して，そこを空欄にして発表した。その後，その空欄に入る元素が次々と発見され，現在の周期表につながっている。

また，ラジウムやウランなどは**放射性元素**と呼ばれ，放射線を出しながら別の原子になる。このとき大きなエネルギーを生じるため，ウランなど原子力発電や原子爆弾に使われる。放射線には人体の健康を損なう（被ばく）危険があるため，放射性元素の扱いはとても難しい。特に，原子力発電は，発電によって作られる多くの廃棄物にも放射性物質が含まれ，それが長期間にわたって放射線を発生し続けるため，安全に保管する場所の確保も難しい。

　日本は1945年8月6日（広島）と9日（長崎）に原子爆弾を受け，2011年3月11日に福島第一原子力発電所事故を起こした。原子爆弾と原子力発電所事故の両方を経験した国は世界で日本だけである。これからの持続可能な社会を目指すためにも，放射性物質について正しい知識を持つことは大切なことである。

(3) 原子の構造

　原子は，これ以上分けることができないもっとも小さい粒子（atom）であったが，1897年にもっと小さな粒子である電子が発見された。原子は，陽子と中性子という粒子でできた**原子核**と，その周りを**電子**というもっと小さな粒子が飛び回っているという構造で示される。電子はマイナスの電荷を帯びているが，原子核の中には，同じ強さのプラスの電荷を帯びた

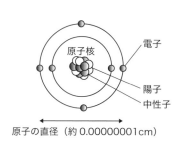

図5-2　原子の構造

陽子が同じ数だけあるので，原子全体としては電気的に中性（プラスマイナス0）になっている。

　約110種類の元素の重さは，原子に含まれる陽子や中性子の数で決まっている。もっとも軽い水素（原子番号1）の原子は陽子が1個と電子が1個，2番目のヘリウム（原子番号2）は陽子が2個，中性子が2個，電子も2個，8番目（原子番号8）の酸素は，陽子8個，中性子8個，電子8個で構成されている，という具合である。陽子の数がちょうど周期表に並べられた順番（原子番号）と等しくなっている。

原子の中が明らかになると，同じ元素なのに中性子の数が違う原子も存在することがわかってきた。たとえば，水素には，陽子1個と電子1個という組み合わせのほかに，陽子1個，中性子1個，電子1個という組み合わせもある。これらは，同位体と呼ばれる。

　原子はひじょうに小さく，もっとも小さな水素原子1個の質量は約0.167×10^{-23} g（0.000000000000000000000167 g）である。原子1個の質量や体積を計測しようとすると，とても小さな数値になってしまう。そこで，水素原子を1 g集めたときの個数を基準にして，大きな個数を示すために**モル**(mol)という単位が作られている。1ダースが12個を表すのと同様，モルは個数の集まりの単位である。1モルは，約6.02×10^{23}個のことである。現在は，1モルは6個の陽子と6個の中性子，6個の電子を持つ炭素原子を基準に決められている。

3　原子の構造で決まる物質の性質

(1) 原子のつながり方

　原子の内部の構造を考えると，さまざまな元素の性質の特徴が理解しやすい。ヘリウムやネオンは，原子核の周りを回っている電子の居場所がちょうど安定していて，他の原子と結びつきにくいため，1つの原子だけで気体となって存在している。ヘリウムの次の元素であるリチウムやネオンの次の元素であるナトリウムは，

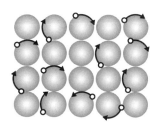

図5-3　金属の構造

それらより電子が1つ多いので，その電子によって他の原子と反応しやすい。

　金属は，それぞれの原子同士が規則正しく並んで，切れ目なくたくさんつながっている。このとき，いくつかの電子が1つの原子核の周りだけでなくあちこちの原子の周りを回っている。これを自由電子と呼び，この自由電子が動くことが，電気の流れとなっている。

　また，私たちの周りにある水や二酸化炭素のように，決まった種類の原子が決まった数だけ結びついてまとまって**分子**という粒子をつくる物質もある。

79

たとえば水分子（H_2O）は，酸素原子１個と水素原子２個が結びついてできており，二酸化炭素分子（CO_2）は，炭素原子１個と酸素原子２個が結びついてできている。

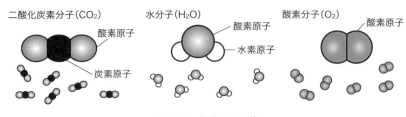

図5-4　分子のでき方

空気を，とても大きく拡大できる顕微鏡で見ることができるとしたら，きっとこんなふうになっているだろう，というのが図5-5である。

空気中には，酸素分子（O_2）や二酸化炭素分子（CO_2），水分子（H_2O）などが目に見えない小さな気体の粒子となって，ビュンビュン飛んでいる。空気は目に見えないが，

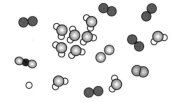

図5-5　空気中の分子のようす

風となってカーテンを揺らしたり，水の中で泡になったりするとその存在がわかる。ふかふかの布団やセーターをビニール袋に入れて押すと，空気は抜けて出てくる。また，風船やビーチボールなど空気を入れてしっかりと栓をして（閉じ込めて）押しつぶそうとすると，少し縮むが中から押し返してくる。こうした空気のようすは，粒子がビュンビュン飛んでいると考えると，わかりやすいだろう。

（2）同じ炭素でできた炭とダイヤモンド

炭素でできているものと言えば，真っ黒の炭が代表的である。美術のデッサンなどで使用する木炭や鉛筆の芯の材料に使われる黒鉛は，かなり純粋な炭素である。しかし，同じ純粋な炭素でも，その原子のつながり方が変わる

とまったく違う物質ができる。

宝石のダイヤモンドも，同じ炭素という元素からできている。ダイヤモンドや黒鉛を次々に小さく分けていくと最終的には，同じ炭素原子に行きつく。しかし，ダイヤモンドはきわめて硬く透明であ

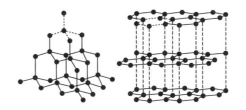

図5-6　左：ダイヤモンド　右：黒鉛

るが，黒鉛は軟らかく黒色であるなど，性質が大きく異なる。しかし両方とも燃えると二酸化炭素になるという性質は同じである。このように，同じ元素からなるが構造や性質が異なる物質を互いに**同素体**という。

酸素にも同素体がある。酸素は，酸素原子2個でできている酸素分子（O_2）として空気中に約21%存在しているが，酸素には酸素原子3個で作られるオゾン（O_3）という同素体が存在する。オゾンは，地上から約10 km-50 km上空に存在し，太陽からの紫外線を吸収して地上の生態系を保護している。また，物質を酸化させる力の強い気体で，酸素に強い紫外線を照射したり空気中で放電を行ったりすると生成する。

(3) 空気中に存在する元素

酸素は，地殻にも人体にももっとも多く含まれている元素である。酸素は空気中に約21%含まれており私たち生物の呼吸に不可欠である。また，水の中にもわずかに溶けていて，魚などはそれを取り入れて呼吸している。けがをして傷口にオキシドール（薄い過酸化水素水）をつけたときにシュワシュワと出てくる泡が酸素である。酸素は，物質を燃やしたり，金属と結びついて金属を錆びさせたりするはたらきがある。

水素は，宇宙全体で見ると，もっとも多く存在する元素である。塩酸にアルミニウムやマグネシウムなどの金属を入れたとき発生する泡が水素である。地球上では，水素分子（H_2）となって，空気中に0.0002%含まれている。

窒素は，気体の窒素分子（N_2）となって空気中に約79%含まれている。窒素100%の中では生きていけないので，窒息する気体として命名されている。しかし，アミノ酸やタンパク質などを作る物質に多く含まれる大事な元素であ

る。窒素分子は，空気中では他の物質と反応しないが，高温では酸素と結びついて，一酸化窒素（NO）や二酸化窒素（NO_2）など大気汚染の原因となる物質を作る。窒素と水素が結びついたアンモニア（NH_3）は，水に溶けやすく，臭いのきつい気体であるが，肥料や染料などの原料になる。

　二酸化炭素は，空気中には約0.04％（10000分の4）含まれている。空気中で木々が燃えたり，動植物が呼吸したりすると二酸化炭素ができる。逆に，植物が光合成をするときには，空気中の二酸化炭素が使われ，酸素ができる。二酸化炭素の増加は，地球温暖化の大きな原因の1つといわれる。これは，土の中に石油や石炭の形で埋まっている炭素原子を燃やすことによって，現在地球上にある植物が光合成で使用する量をはるかに超えた二酸化炭素の量を空気中に放出していることが原因であると考えられている。

　二酸化炭素は水に少し溶け，二酸化炭素が溶けた液体を炭酸水という。この炭酸水に砂糖や香料を入れたものが，炭酸飲料として親しまれている。最近では，二酸化炭素ボンベで手軽に炭酸飲料を作る器具も売られている。

(4) 限りある地下資源

　金属は，金や銀のように鉱山や川など自然界からそのまま採れるものもあるが，鉄鉱石や黄銅鋼のように，化合物の状態で採掘されるものが多い。なかには，もともとの原料から精錬して作るよりも再利用するほうがエネルギー節約やコスト削減にもなるものも多く，リサイクルして再利用されている。たとえば，アルミニウムは，原料のボーキサイトから取り出すには大きな電気エネルギーが必要であるが，使い終わったアルミニウム製品を融かして再生アルミニウムを作ると，ボーキサイトから作るときの約3％の電気エネルギーで作ることができる。

　また，金属をほかの物質から簡単に作ることはできないので，地球上の金属資源は，無限に採れるのではなく限りがあると考えなければならない。とくに，コバルトやリチウム，インジウムなど，小型電池や液晶パネルなどに新たな金属が使われるようになってきた。これらは，埋蔵量が少なかったり分離精製がむずかしかったりするため採掘量が少ないのでレアメタル（希少金属）などといわれており，加工がむずかしいものもある。最近は，使い終わっ

たパソコンや携帯電話などに使われている金属資源が注目され，リサイクルの動きが進んでいる。これらの金属が，電子機器や家庭電気製品の中に使われたままにゴミとして捨てられたり家庭に置かれたりしていることから，都市鉱山という言葉も生まれている。

　また，プラスチック製品はおもに石油から作られており，その石油は大昔に植物が光合成して作った炭水化物が長い月日をかけて地下で形を変えたものである。そのため，埋蔵量には限りがあり，現在のペースで採掘していくと将来的になくなってしまう。また，石油を燃やすと二酸化炭素になって，再び石油として使用するまで長い時間がかかる。少しでも利用する石油の量を減らすためにプラスチックなどのリサイクルも進められている。

(5) 酸素も炭素も窒素も循環している

　私たち人間は，呼吸によって酸素分子を体内に取り入れている。取り入れられた酸素分子は，細胞の中で炭水化物から作られたブドウ糖と化学反応を起こし，水素原子と結びついて水分子になったり，炭素原子と結びついて二酸化炭素分子となったりして，尿や呼気の形で最終的に体外に排出される。放出された水分子は，蒸発して水蒸気となり，上空で冷やされると雨や雪となって地上に降り注ぎ，海に流れ，蒸発して再び大気に戻る。二酸化炭素は水とともに植物に吸収され，光合成のはたらきによって炭水化物となって再び人間の養分となる。こうして酸素は結びつく原子を変えながら私たちの体を通って地球上を循環している。

　炭素や窒素も，人間や動物が食べ，エネルギーを取り出したあとに排出され，土の中にいる微生物が分解して他の物質になり，地球上を循環している。

　私たち人間は，豊かで便利な生活のために，金属を始めとする地下資源を利用してたくさんの製品を作り出してきた。しかしこれらの製品のどれもが，限りある地球資源の組み合わせで作られていることから，物質の循環を考え資源を有効活用することが重要であろう。

> 確認問題

1 周期表を入手して，本書に記されている元素を探し出しなさい。その中から，金属と金属でない元素に分け，その性質や用途を一覧表にしなさい。
2 原子，原子量，原子番号，原子記号などの言葉の意味を自分でまとめなさい。
3 健康飲料や食品の成分表に書かれた原料から元素名を抜き出し，それらの性質や用途を調べなさい。

より深く学習するための参考文献
・板倉聖宣・福嶋昭雄『よじのぼる水——水の分子・赤パンツくんのぼうけん』小峰書店，2013年
・桜井弘編『元素111の新知識——引いて重宝，読んでおもしろい』講談社，1997年
・滝川洋二編『発展コラム式 中学理科の教科書 改訂版 物理・化学編』講談社，2014年
・竹内敬人他『新編化学基礎』東京書籍，2012年
・渡邉正・北條博彦『高校で教わりたかった化学』日本評論社，2008年
・サイモン・クェレン・フィールド，T・グレイ，N・マン『世界で一番美しい元素図鑑』若林文高監修，武井摩利訳，創元社，2010年
・S・バシャー，A・ディングル『周期表 完全版——ゆかいな元素たち！』藤田千枝訳，玉川大学出版部，2015年
・田崎晴明『やっかいな放射線と向き合って暮らしていくための基礎知識』朝日新聞社，2012年

第 **6** 章

物質の状態変化

身の回りにある水をいくつか挙げてみよう。海や川の水，雨，井戸水，わき水，涙など，地球の表面上には水がたくさんある。地球上の水は姿を変える。水たまりの水や干した洗濯物が乾くとき，水は消えてなくなるのではなく，目に見えない水蒸気に姿を変えて空中に拡散している。冷凍庫に入れておくと水が凍るのも，水が姿を変えているからである。水の惑星といわれる地球上では，水は常に状態変化をしながら，循環している。

キーワード

状態変化　気体　液体　固体　水蒸気　蒸発　沸騰　融解
凝固　昇華　液化　気化　気化熱　湯気　沸点　融点

1　水の状態変化

(1) 状態変化とは，どういうことだろうか

水を冷凍庫に入れ，一日置くと，氷を作ることができる。冷凍庫でなくても，水の温度をどんどん下げていくと，水は凍って氷になる。このとき，氷を融かせばまた水に戻る。つまり物質としての水そのものは変わっていないが，水の粒の集まり方や水の粒の動き方が変化して状態が変わっているのである。これを**状態変化**という。

冬になると池や水たまりに氷が張るのを見たことがあるだろう。気温が下がると，地球上の水はさまざまに形を変える。雪も水が凍ったものである。

ほかにも，しも（霜），ひょう（雹），あられ（霰），みぞれ（霙）などは空気中の水分が温度の変化によって**固体**になったものである。直径が5mm以上の氷の粒を「雹」，5mm未満のものを「霰」という。温度や気圧などの条件によって水がさまざまな形状になる自然界では，それぞれの形状に合わせて，たくさんの名前がある。どれも物質としては水であるが，凍って固体になったものである。

　水が固体のとき**氷**と呼び，**気体**のとき**水蒸気**と呼ぶ。**液体**のときは何と呼ぶだろうか。液体状態の水は水である。日常的に私たちが水というときは，液体状態の水を表す。しかし，水という物質名として，氷やお湯や水蒸気も含め，水と呼ぶこともある。

（2）液体から気体になる現象──**沸騰**

　鍋に半分ほど水を入れて，お湯を沸かしてそのようすを観察しよう。最初，鍋の壁面や底に小さな泡が発生してくるが，これは水に溶け込んでいた空気が温められて姿を現したものである。さらに過熱していくと，水の内部からも，大きな泡が激しく出てくる。この状態を**沸騰**と呼ぶ。沸騰したあとも加熱し続けると，水はどんどん減っていく。さらに加熱し続けていくと，水はとうとうなくなって，空焚きになってしまう。

図6-1　水の沸騰
イラスト）金子亮太

　このことから，沸騰しているときに見られる泡は，水が変化したものであると考えられる。水に熱が与え

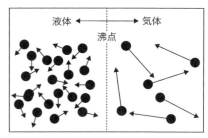

図6-2　液体と気体の図

られることにより，水の分子が激しく運動し，液体の状態ではいられなくなり，気体へと変化する。これが水蒸気である。

　透明な鍋やビーカーなどを使うと，沸騰しているときの水の中のようすを

横から見ることができる。沸騰しているときは，水の表面だけでなく水中の至る所の水から，泡が出てきていることがわかる。

お湯を沸かし続けると，どんどん水は減って最後にはなくなってしまう。鍋に入っていた水は，どこへ行ったと考えればよいだろうか。

水が沸騰するときのメカニズムも，原子や分子の考え方が役に立つ。液体のとき，水分子は粒同士が引き合う力によって引き合いながら，動き回っている。温度を上げていくと熱のエネルギーが与えられ，分子は激しく動くようになり，ついには分子同士が引き合う力を振り切って，自由に飛び回るようになるのである。

（3）水の3つの状態と分子のふるまい

水の3つの状態は，その分子の状態や動きに違いがある。それぞれの状態における一つひとつの分子の動きを見てみよう。

気体は，水分子が激しく運動し，空間を自由に飛び回っている状態である。気体では，分子と分子の間の距離が大きく，その分子1個あたりの空間はひじょうに大きくなっている。一つひとつの気体の分子が，容器の壁にぶつかるたびに外側に押すので，気体全体としては，常に外に向かって体積が増えるような力が働く。これが気体の圧力である。そうめんなどをゆでているとき，鍋のふたをしたまま熱し続けていると，泡が動いてふたが動いたり，吹きこぼれたりする。これも，水が水蒸気になって体積が増え，出ていくところを探して外側に押していることによる。

また，気体は激しく運動しているため，しっかり密閉しないと小さな隙間から出ていって，他の気体と混ざってしまう。

液体の水は，水分子同士がお互いに引き合い，ぶつかり合いながら自由に位置を変えることができる。そのため，液体は自由に形を変えることができ，コップやびんなど深い入れ物に入れると，そのコップやびんに沿った形になる。浅いお皿に乗せようとするとあふれて下に流れてしまう。

固体は，分子同士の距離が近く，その場で振動している。分子は規則正しく整列し，位置を変えることはできない。固体は自由に形を変えることができないため，手の上に乗せたり浅いお皿に乗せたりすることはできるが，口

の細い容器に入れようとしたら，小さく割らないとならない。

　液体を温めていくと気体になる。この変化を**気化**といい，逆に，気体を冷やしていくと液体になり，これを**液化**（凝結または凝縮）という。また，液体を冷やすと固体になり，このような変化を**凝固**という。逆に固体から液体になる変化を**融解**という。また，固体から気体，気体から固体と直接変化する場合もあり，そのような変化を**昇華**という。

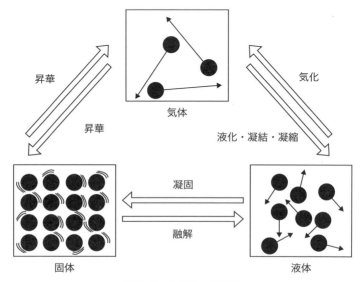

図6-3　水の3つの状態

（4）湯気は気体だろうか

　やかんでお湯を沸かしてみよう。やかんの水も，熱し続けると泡が盛んに出始め，沸騰する。沸騰しているとき，やかんの口のところを見ると，白い湯気が出ている。近くで観察すると，湯気はやかんの口からすぐに出ているのではなく，やかんの口付近には透明な空間があることがわかる。この透明な空間に割り箸などを差し込んで調べてみると，割り

図6-4　やかんの口のようす
　　イラスト）金子亮太

箸は熱くなり，濡れる。目には見えないが，確かに水が存在していると考えることができる。これが水蒸気である。

しかし，それが冷やされると，熱運動のエネルギーが弱まり，分子同士が引き合う力が強くなるので，たくさんの水分子同士がくっつき合い，目に見えるくらいの大きさの水滴になる。これを**湯気**と呼ぶ。つまり湯気は液

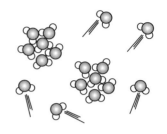

図6-5　湯気と水蒸気

体である。湯気一粒には，水分子が1兆個くらい集まっている。水の分子1つは，直径1オングストローム（Å）つまり0.00000001cm（10の10乗分の1メートル）程度と考えられている。やかんの口の水蒸気からできた湯気も，やがて徐々に見えなくなっていく。一度湯気として見えるようになった水は，また一つひとつばらばらになって空気中に広がって（拡散して）いき，空気と混じり合って見えなくなるのである。

（5）熱してもお湯の温度が100℃より上がらないのはなぜか

沸騰している間は，熱し続けても温度は変わらない。加熱した熱のエネルギーが，液体の水から気体の水蒸気に変化するエネルギーとして使われるので，熱し続けても温度は上がらないのである。このエネルギーを**気化熱（蒸発熱）**といい，このときの温度を**沸点**という。水の沸点

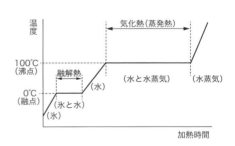

図6-6　水を熱したときの温度と状態変化

は100℃である。気化熱は水が分子間力に打ち勝って気体になるのに必要な熱量である。逆に，水蒸気が液体の水に変化するときは，この気化熱と等しいエネルギーを放出している。これを**凝縮熱**と呼ぶ。

氷が水になるときも，固体から液体に変化するときのエネルギーに使われるので，氷水の氷がすべて融けて水になるまでの間は0℃のまま変化しない。

この温度を**融点（凝固点）**という。すべて氷になったあと，さらに冷やし続けると，氷の温度はもっと下がっていく。固体から液体に変化するときに必要な熱を**融解熱**，液体から固体に変化するときに放出する熱を**凝固熱**という。蒸発熱，融解熱，凝縮熱，凝固熱すべて合わせて潜熱と呼ぶことがある。

水の融解熱は6 kJ/molである。これは，0℃の氷（固体）が18 g（1モルの質量）あるとき，すべて水（液体）に変化するまで6 kJの熱が必要であるという意味である。また，気化熱は40.7 kJ/molである。100℃のお湯（液体）18 gが100℃の水蒸気（気体）になるには，40.7 kJの熱が必要となるということである。ちなみに，0℃の水18 gがそのまま液体の状態で100℃のお湯になるまでには，7.5 kJの熱が必要である。つまり，0℃から100℃まで温度を上げるためのエネルギーよりも100℃の水がすべて水蒸気になるためのエネルギーのほうがずっと大きい。気化するためには膨大なエネルギーが必要だということである。沸騰しているとき，熱し続けているのに温度が上がらないのは，与えたエネルギーを，気化するために使っているためである。

私たちが汗をかくということも，汗に含まれる水が蒸発するときに気化熱を奪うことによって，体温の上昇を抑えるはたらきがある。注射をするとき

なぜ，水はちょうど0℃で凍り，100℃で沸騰するのか

日本では，温度の単位℃は度（°）にCをつけて，摂氏と呼ばれる単位を使っている。これは，セルシウス度とも呼ばれ，スウェーデン人のアンデルス・セルシウスが1742年に水の凝固点（0℃）と沸点（100℃）の間を100等分して決めたものに基づいている。だから，水が0℃で凍り，100℃で沸騰するのは当たり前であり，逆に水の融点を0℃，沸点を100℃と決めたのが摂氏温度なのである。

アメリカなどでは°にFをつけて，ファーレンハイトと呼ばれる単位，華氏を使っている。水が凍る温度を32度として，融点と沸点の間を180等分したものである。お湯が沸騰する温度は，華氏で言うと212度（°F）である。華氏の温度表示を使っている国の天気予報で，今日の最高気温は90度などと聞くこともあるだろうが，℃と°Fで単位が違うので気をつけよう。

の消毒用のアルコールがひやっとするのは，アルコールが冷たいからではなく，アルコールが皮膚の表面で，気化するための気化熱を皮膚から奪っているからである。

打ち水も，同じように気化熱を利用して夏の気温上昇を抑えるものである。地面にまいた水が蒸発するときに，気化熱を奪うので温度が下がる。

(6) 蒸発と沸騰の違い

濡れた洗濯物が乾いたり，水たまりが消えてなくなったりする現象を，私たちは**蒸発**と呼んでいる。蒸発も水から水蒸気への気化である。このとき，洗濯物や水たまりの水は，100℃になっているとは思えない。沸騰との違いは何だろうか。沸騰では，水の内部からもどんどん気化が起き，大きな泡が盛んに発生している。一方，蒸発は，液体の表面から水の分子が1つずつ空間に飛び出す現象である。

表6-1　空気中の飽和水蒸気量

気温 (℃)	飽和水蒸気量 (g/m^3)
0	4.8
10	9.4
20	17.3
30	30.4

蒸発のしやすさは，さまざまな条件によって異なる。水面や周辺の温度が高いほうが蒸発しやすいが，周辺の空気の状態にも関係している。たとえば，湿度の高い日や締め切った部屋で洗濯物が乾きにくいのは，すでに空気中に含まれている水蒸気の量が多いからである。空気中に含むことのできる水蒸気の量には限度があり，その限度は温度が高くなるほど大きい。空気1 m^{3}中に含むことのできる水蒸気量を，飽和水蒸気量と呼ぶ。たとえば，気温が

> **column**
>
> ## 100℃にならなくても沸騰する山の上
>
> 山にキャンプに行って，飯ごうでご飯を炊いたことがあるだろうか。美味しく炊くためには，飯ごうのふたに石を乗せて炊くとよいといわれている。これはなぜだろうか。標高が高い地域は，気圧が低い。気圧が低いと，液体から気体へと変化しやすくなるため，水の沸点が低くなるので，ご飯がおいしく炊けないのである。逆に圧力鍋は気圧を高くして沸点を100℃以上にし，食品に早く火を通すことができる。

20 ℃のとき，17.3 g/m³ である。限度を超えると，水蒸気は水滴になる。冬の朝，窓の内側に結露ができるのは，このためである。

　蒸発のしやすさは，周りの空間の環境によって決まる。水面に接している空気が乾いていて，水蒸気を受け入れる余裕があれば，蒸発しやすい。晴れた日には洗濯物や水たまりが早く乾き，曇りの日や室内では乾きにくいのは，このためである。蒸発のようすを観察してみよう。ペットボトルを2つ用意し，両方とも約半分水を入れる。水面にしるしをして，片方にはふたをし，片方は空けておく。1日じゅう日向に置いておくと，1日後，ふたを開けておいたペットボトルの水面の位置が下がっている。ペットボトル内の水が蒸発して外に出ていったためである。一方，ふたをしておいたペットボトルの水面はほとんど変化がなく，ペットボトル上部の内側には，水滴がたくさん見られる。ふたをしたペットボトルの中では，水が蒸発しても外に出られないため上の空間に入り込める水蒸気がいっぱい(飽和水蒸気量)になると，それ以上蒸発できないのである。

(7) 水蒸気が水や氷になる現象

　空気中の水蒸気は，気温が下がると水や氷となって姿を現すことがある。冷たい飲み物を入れたコップを置いておくと，周りが水で濡れる。これは，コップの周りの空気に含まれていた水蒸気が冷やされて水になったものである。寒い日の朝に，窓ガラスの内側に水滴がつくことがある。これも，部屋の中の空気に含まれていた水分が冷たい窓ガラスで冷やされて姿を現したものである。寒い冬の日に息が白くなるのは，吐く息の中に含まれている水蒸気が冷やされて液体になって白く見えている現象である。

　気温が低いときには，空気中の水蒸気が冷やされて氷になることもある。氷点下になるような冬の朝には，車の窓ガラスが凍り付いたり，霜ができたりする。これも，空気中の水蒸気が0℃以下の物質に触れて，水ではなく氷に変化した昇華の現象である。

　ドライアイスから出ている白い煙のようなものは何だろうか。これも，空気中の水分が冷やされて出てきた小さな水の粒である。ドライアイスが昇華して(昇華点−78.5℃)できた冷たい二酸化炭素の気体によって冷やされた空気

中の水蒸気が集まって目に見えるようになった小さな水滴である。

2 固体・液体・気体という3つの姿

(1) 鉄も融ける？ エタノールも凍る？

物質はそれぞれ固有の沸点と融（凝固）点を持つ。水の沸点は100℃で、融点は0℃であるが、鉄は常温では固体である。鉄も、2000℃を超えると融け、液体の鉄となる。

金属の多くは、常温では固体である。表6-2を見ると、金や銅、鉄などは、融点がかなり高い。しかし、水銀は常温で液体である。水銀は、棒温度計の中の液体としても使われることがある。はんだは、主として鉛とスズの合金で作られており、電気の配線部分の接続などに使われている。はんだは常温では固体だが、融点が低くはんだごてで350℃くらいに熱すると液体になるため、金属の接着に利用できるのである。

表6-2 さまざまな物質の融点と沸点

	融点(℃)	沸点(℃)
酸素 (O_2)	－218	－183
窒素 (N_2)	－210	－196
エタノール (C_2H_6O)	－115	78
アンモニア (NH_3)	－78	－33
水銀 (Hg)	－39	357
水 (H_2O)	0	100
ナフタレン ($C_{10}H_8$)	81	218
しょうのう ($C_{10}H_{16}O$)	178	209
アルミニウム (Al)	660	2520
食塩 (NaCl)	801	1485
金 (Au)	1064	2857
銅 (Cu)	1083	2567
鉄 (Fe)	1535	2750

エタノールは室温では液体である。エタノールを冷凍庫に入れても凍らないが、液体窒素に入れると凍る。エタノールの融点は－115℃であり、冷凍庫は約－20℃、液体窒素は－196℃であるため液体窒素内では凍るのである。

液体窒素は、融点が低い性質を生かし、医療や料理などに幅広く活用されている。室温では気体である酸素も、液体窒素に入れると液体になる。

(2) 固体から直接気体になる現象——身近に起こる昇華

防虫剤は固体であるが、昇華して気体となり衣類を虫から守る。防虫剤の材料として使われるしょうのうを見てみよう。融点は178℃であるから常温では固体であり、178℃にならなければ液体にはならない。しかし、表面上

で常温の空気と接しているところでは、しょうのうの分子の運動が激しくなり、気体となって飛び出しているのである。これが昇華である。

ドライアイスは二酸化炭素の固体であるが、そのまま室温に置いておくと、どんどん小さくなって見えなくなる。これも昇華して気体に変化している現象である。二酸化炭素は、液体にならずに固体から直接気体になるので、ドライアイス（乾いた氷）と呼ばれているのである。

冷凍庫に入れた氷を使わずに数カ月放置しておくと、小さくなっていく。これも、氷が直接水蒸気に変化していく昇華の現象である。

(3) 液体から気体になるとき体積はどれくらい大きくなる？

水の密度は $1\,g/cm^3$ であるため、1 g の水の体積は $1\,mL\,(cm^3)$ である。この水がすべて気体になると、体積は約1700倍の1.7 L（100℃の場合）になる。

液体の場合は分子同士が分子間力で引き合っているのに対して、気体は、分子と分子の間の距離が大きく、一つひとつが自由に飛び回っているため、体積が大きいのである。

お昼にお弁当箱のふたを開けようとすると開かないことがある。お弁当箱

---

column 台所で見られる液体・気体・固体

洗濯石鹸や台所洗剤も、昔はほとんどが固形だったが、最近は水に溶けやすく便利な液体洗剤が多く使われている。固形の石鹸は、ポンとお皿に置けるが、液体洗剤は、容器に入れないと流れ出してしまう。調味料も、酢や酒、サラダオイルなど、液体のものはボトルなどの容器に入っており、容器を斜めにするとタラーと続けて出てくる。しかしバターやラードなど、固体の油は塊のまま持ち運びができる。フライパンで熱すると液体になり、冷やすとまた固まって固体になるようすを観察できる。

都市ガス、プロパンガスなどは気体である。気体を英語で言うとgas（ガス）である。ガスボンベというのは気体が圧縮されて詰め込まれたものである。登山家やスポーツ選手などの呼吸を助けるために、酸素を充填したボンベも売られている。プロパンガスやほこりを飛ばすスプレーは、液体が圧縮されて分子同士が近づき、ボンベの中では液体になっている。

の中が，真空に近い状態になっているからである。お弁当を詰めるときすぐにふたをすると，お弁当箱の中に熱々のご飯やおかずから出た水蒸気がたまり，空気を押し出してしまう。お弁当箱が冷めると，中の水蒸気は水に戻り，空間にある気体が少なくなって，真空に近い状態となり，中の気圧が低くな

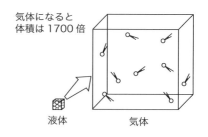

図6-7 水と水蒸気の体積

るのである。ふたの隙間につまようじなどを差し込んでみると，プシュッと空気が入り，ふたを開けることができる。

　水以外の物質でも，液体から気体になるとき，体積が大きく変化する。エタノールを少量ビニール袋に入れ，空気を追い出して封をし，ビニール袋を沸騰した湯で温める。エタノールが気化し，体積が大きくなるのでビニール袋が膨らむのを観察することができる。

（4）氷が水に浮くのはなぜか

　ペットボトルに水を入れて冷凍庫に入れて凍らせると，容器がぱんぱんに膨らむ。これは，水が氷に状態変化したときに，体積が大きくなったからで

固体でも原子や分子は運動している

　固体は規則正しく整列し，その場で振動している。その振動の仕方は温度により変化する。そのことがわかる実験を紹介しよう。

　エナメル線を300回巻いたコイルと1.5Vの乾電池，豆電球をつなぐ。室温では回路がつながっていてもエナメル線が長く電気抵抗が大きいため豆電球は灯らない。ところが，このコイルを液体窒素の中に入れて冷やすと電気抵抗が小さくなり豆電球が灯る。エナメル線は固体の銅でできており，室温と液体窒素中とでは，銅の振動の仕方が異なるのである。温度が高い室温では激しく振動し，温度が低い液体窒素中では振動の仕方が小さくなる。そのため，液体窒素中にコイルを入れたときのほうが自由電子が移動しやすくなり，たくさんの電流が流れるようになるため，豆電球が明るく灯るのである。

ある。これは固体の整列の仕方に、水特有の性質があるからである。

図6-8のように、固体状態である氷は水分子同士が六角形につながった状態で規則正しく整列している。そのため中心部に隙間ができ、氷の体積が増えているのである。一方、液体状態の水分子は、その場での分子運動は固体よりも活発だが、分子が占める場所は小さくなっている。

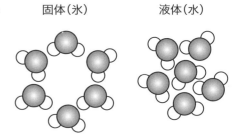

図6-8　固体と液体の水分子の集まり方

一般的には、液体と固体では固体のほうが体積が小さい。液体と固体の粒子のふるまいから考えると、固体のほうが粒子が整列しているので粒子同士の隙間が小さくなり、体積が小さくなるのが理にかなっている。しかし、水に限って、氷のほうが体積が大きくなる。図6-8を見ると、同じ水分子6個のとき、氷（固体）のほうが場所をとっているのがわかるだろう。

ただし、このとき、水分子の数が変化していないので質量は変化していない。しかし、密度が小さくなっているので、同じ体積の質量を比べると軽くなっている。氷が水に浮くのも同じ原理である。同じ体積の水よりも氷のほうが軽いので、浮くのである。これは、水だけに見られる現象である。分子

---

column　水の循環（自然界）── 雨ができるまで

　水面や地面などから蒸発した水蒸気は、上空で冷やされると、ある量以上は空気中に入り込めなくなって互いにくっつき合い、小さな水や氷の粒になる。これが雲や霧である。雲の中でさらにくっつき合い大きな水滴になると雨や雪となって地上に落ちてくる。地上に戻った水は、地面を流れたり一部は地下水となったりして、海に流れ込む。

　地球の表面の約7割が海である。海には食塩をはじめ、たくさんの物質が溶けている。海からは、毎日大量の水が蒸発しているが、海に溶けている物質は水蒸気と一緒に蒸発するわけではない。

運動から考えれば，一般的には固体のときより液体のときのほうが分子運動が活発なのであるから，液体のときのほうが大きな体積を占める。

> 確認問題

1　気体，液体，固体の定義や，本章で出てきた用語の意味をもう一度自分の言葉でまとめよう。
2　山の上で飯ごうでご飯を炊くとき，飯ごうのふたに石を乗せる。山の上だと，お湯が沸きにくいからだろうか。沸きやすいからだろうか。水の沸騰のメカニズムを考えながら，平地と山の上との違いを図と文で表してみよう。

より深く学習するための参考文献
・板倉聖宣・福嶋昭雄『よじのぼる水――水の分子・赤パンツくんのぼうけん』小峰書店，2013年
・検定外中学校理科教科書をつくる会『新しい科学の教科書――現代人のための中学理科　化学編』文一総合出版，2009年
・竹内敬人他『新編　化学』東京書籍，2012年
・渡辺正・北條博彦『高校で教わりたかった化学』日本評論社，2008年
・A project of American Chemical Society『実感する化学　上巻』広瀬千秋訳，NTS，2005年

第7章

溶解・水溶液

「とける」を辞書で引いてみよう。解ける，溶ける，融ける，など，漢字でもいろいろな表記がある。チョコレートやアイスクリーム，雪などが「融ける（融解）」のは，物質そのものは変化しないが，固体から液体に変わる状態変化である。とろけるチーズなどもその例だ。「溶ける（溶解）」は，砂糖が水に溶ける，食塩が水に溶けるなど，何か（溶質）が何か（溶媒）に溶けるときに使う。本章では「溶ける」メカニズムを考えよう。

キーワード

溶解　均一　溶媒　溶質　溶液　水溶液　拡散　ろ過　抽出　コロイド　飽和　溶解度　濃度　質量パーセント濃度　モル（mol）濃度　酸性　アルカリ性　塩基　水素イオン　中性　中和

1　溶解

（1）溶けるとはどういうことだろうか

「溶けている」とはどういう状態をいうのだろうか。台所にあるいろいろな粉を水に入れて，溶けるかどうかを調べてみよう。水を半分くらい入れたコップを3つ用意し，片栗粉，食塩，砂糖をそれぞれスプーン1杯ずつ入れて，かき混ぜてようすを観察する。横からも見えるように，透明なコップを使うのがよい。

片栗粉は，かき混ぜた直後は全体的に白く濁って溶けたように見えるが，

しばらく置いておくと下に粉が沈んでくる。これは溶けたとは言わないで、懸濁という。一方、食塩と砂糖は、どこから見ても溶けきって見えなくなる。しばらく置いていても、何も沈んでこない。食塩や砂糖は、目に見えないくらい小さな粒子となり、光がほとんど素通りしてしまうので、溶液は透明になっている。これが、溶けたということである。コーヒーシュガーや色のついた飴などを溶かしたとき、水に色はつくが透明であるので溶けている。これに比べて、色もなく、透明なときは、無色透明という。

液体に、ほかの物質が溶けて均一に散らばる（分散する）ことを**溶解**という。**均一**とは上のほうの1滴も下のほうの1滴も、常に同じ濃さであるということである。溶かす液体を**溶媒**といい、液体に溶かされた物質を**溶質**という。溶質は、固体の場合も液体の場合も気体の場合もある。溶媒に溶質が溶けた液体を**溶液**という。とくに溶媒が水のとき、この溶液を**水溶液**という。

図7-1は、溶けているようすをモデル化して表したものである。白い粒は溶媒を表し、黒い粒は溶質を表す。このとき、黒い粒の散らばり方は溶液の上のほうも下のほうも同じである。これが均一ということである。

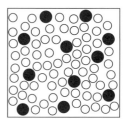

図7-1　溶媒の粒と溶質の粒

(2) 溶けるようす，溶けないようす

砂や片栗粉など、物質が水に溶けていないときは、かき混ぜたときだけ全体が濁って均一になったように見えるが、しばらくすると下に沈んでくる。

食紅や絵の具、チョークを、それぞれコップに入れよくかき混ぜ、しばらく時間をおいて観察してみよう。食紅はすぐに溶けて粒は見えなくなり、全体が赤く透明になって時間が経ってもようすは変わらない。チョークは、細かく砕いてかき混ぜると全体に色がつくが不透明である。しばらくすると、粒塊が下に沈み上が透明になる。絵の具は、かき混ぜると全体に不透明な色がつくが、しばらくすると濁りが下のほうに沈み、上のほうは透明な色が均一についている。これは、絵の具の中に水に溶ける物質と水に溶けない物質が混在しているからである。

水によく溶ける砂糖でも，かき混ぜなければ溶けないのだろうか。砂糖に色をつけてあるコーヒーシュガーやキャンディなどを，透明なコップに入れて，4週間ほど静かに置いて観察すると，はじめは下のほうが濃く上のほうが薄いが，時間が経つと砂糖が次第に溶けて水の中に広がり，徐々に均一になっていくようすを見ることができる。

　図7-2は，砂糖を水に入れて4週間そのまま放置したときの溶質と溶媒のようすを粒子のモデルで表したようすである。水の中に溶けていく状態をミクロに見ると，溶媒である水分子が常に運動しており，溶質である小さな砂糖の粒子を動かしている。砂糖（溶質）の粒子は，塊の表面から少しずつ離れていって，ゆっくりではあるがかき混ぜられたときと同じようになって，最後には，溶質が溶液中に広がって均一になっていく。この現象を**拡散**という。

　溶質が完全に溶けて時間が経つと，また下に沈んでくることはないのだろうか。この場合も，溶媒の粒子が常に運動していて，溶質の粒子に衝突し動かし続けているので，溶質の粒子は下に落ちてくることはない。アイスティーなどで，下のほうが甘かった経験があるかもしれない。しかし，これは，よくかき混ぜないで飲んだか，溶け残った砂糖が下にたまっていたためである。

直後　　　1週間後　　　2週間後　　　4週間後

図7-2　粒子のモデルで表した拡散

（3）溶けていない物質を取り除く方法――ろ過

　固体が溶けずに混じっている液体から，ろ紙などを用いて，液体と固体にこし分ける操作を**ろ過**という。ろ紙には目に見えないくらい小さな穴が開いており，この穴より大きい粒子は通過できず，小さい粒子のみ通過できるため，粒子の大きさの違いによって分離することができる。

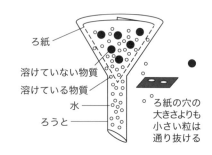

図7-3　ろ過の仕組み

ろ紙の穴の大きさは，0.005mm程度である。たとえば，砂粒は，大きさが約0.05mmであるから，ろ紙の穴よりずっと大きいため通らない。

コーヒーフィルターでコーヒーを作る過程も，ろ過の一つである。お湯を注ぐと，豆から出てきたコーヒーはお湯に溶けてフィルターペーパーを通り抜けて下に落ちていく。しかしコーヒー豆の粒はフィルターを通らない。紅茶のティーバッグや茶こしも同じ仕組みである。お湯に溶けない豆や茶葉などはフィルターペーパーの隙間を通らないので，こし取ることができるのである。このような，ある成分を溶媒中に溶かし出す操作のことを**抽出**という。

（4）溶けた物質を取り出す方法——蒸発乾固

水に溶けた食塩などは，ろ過して取り出すことはできないが，水を蒸発させることで，取り出すことができる。人類は，古くから海水から水だけを蒸発させて塩を採ってきた。今でも，塩田と呼ばれるところでは，海水に太陽光を当てて，水を蒸発させ，食塩を取り出している。

食塩水から水だけが蒸発して，塩分が残るようすは日常にも見られる。梅干しやしょうゆ差しの注ぎ口などを長時間静かに放置しておくと，食塩の結晶ができている（析出している）こともある。

砂混じりの食塩水から，食塩だけを取り出すには，ろ過と蒸発の両方を行

コロイド溶液

身の回りには，石鹸水，牛乳など，濁っている（不透明）が，いつまで経っても沈殿しない液体もある。粒が見えなくてどこの部分も同じ（均一）であるが不透明な液体をコロイド溶液という。

透明か透明でないかの違いは，水に散らばっている粒の大きさによる。小さな粒子で水に散らばっているときは透明になり，巨大な粒子（コロイド粒子）で散らばっているときは濁っている。コロイド溶液の粒の大きさは0.000001mmから0.0001mm程度である。

コロイド溶液は，コロイド粒子と水の粒子がよくなじむため，静かに置いておくだけでは沈んでくることはない。しかし，コロイド溶液を遠心分離機にかけると，含まれていた粒子が集まり，水溶液部分と分離することができる。

えばよい。はじめにろ過すると，溶けていない砂だけを取り除くことができ，ろ紙を通り抜けた液体（ろ液）には，食塩が溶けている。このろ液の水を蒸発させれば，食塩だけを取り出すことができる。

(5) 水に溶ける量には，物質固有の限界がある

食塩や砂糖は，水に限りなく溶けるのだろうか。水に食塩をどんどん溶かしていくと，徐々に溶けにくくなり，最後にはこれ以上溶けない限界がある。物質には水に溶ける限界があるが，その限界は物質によって異なる。たとえば食塩は，20℃の水100gに溶かしたとき，約36gが限界である。それ以上溶けなくなることを**飽和**といい，その水溶液を**飽和水溶液**という。物質が100gの水に溶ける限界の質量を**溶解度**という。溶解度は，物質の種類によって決まっている。20℃で100gの水に，ショ糖は約200gも溶けるが，塩化ナトリウムは約36g，ミョウバンは約6gしか溶けない。

また，溶解度は水の温度によっても変化する。固体の溶解度は温度の上昇とともに増大する場合が多い。しかし，その変化の仕方は物質によって異なる。たとえば，塩化ナトリウムは，温度によって溶ける限界の量に違いがほとんどない。しかし，ホウ酸は，20℃で約5gしか溶けないのに，80℃では4倍近い約23gも溶ける。ミョウバンも，20℃で約6gに対して，80℃では約71gも溶ける。

図7-4は，温度による物質の溶解度の変化をグラフに表したもので，溶解度曲線という。ホウ酸やミョウバンのように，温度によって溶ける量が違う物質では，高い温度で濃い水溶液を作ったあと，温度を下げると，低い温度では溶けきれない分の溶質が析出してくる。温度をゆっくり下げていくと，大きな結晶を作ることができる。

このように，物質を水などの溶媒に室温より高い温度で溶かし，温度を下げたり溶媒を蒸発させたりして，再び結晶として取り出す操作を**再結晶**という。再結晶は，混合物から純粋な物質を取り出す方法として利用されている。

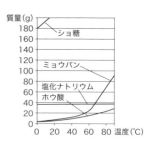

図7-4 溶解度曲線
出所）国立天文台編，理科年表Web版，2015年

（6）気体が溶けた水溶液

　酸素（O_2）や二酸化炭素（CO_2）など，気体も水に溶ける。魚や水中の生き物は，水に溶けた酸素を水の中から摂取している。

　二酸化炭素が溶けた水は炭酸水と呼ばれ，びんやペットボトル入りで販売されている。炭酸水は，ボトルのふたをせずに置いておくと，水に溶けていた二酸化炭素が抜けてしまう。また，ふたをしておくと，ボトルの上方の空間に二酸化炭素が充満する。炭酸飲料のボトルを開けるときにプシュッと音がすることがあるのは，上の空間にたまった二酸化炭素が急激に外に出ようとするからである。一般的に，気体は水の温度が高いほうが溶ける量が少ないので，冷えた炭酸水を温かいグラスに入れると急激に泡が出ることもある。

　塩酸やアンモニア水も，水に塩化水素（HCl）やアンモニア（NH_3）という気体が溶けた水溶液である。塩酸やアンモニア水はきつい臭いがするが，この臭いは，水に溶けていた気体の分子が，常温常圧下で水溶液から飛び出して空気中に拡散し，鼻にまで届いているからである。これらの水溶液も，使いかけのまま保存していると，上の空間に気体が充満して，開けたときにプシュッと音がして急激に拡散し，きつい臭いがする。とくに，塩酸はふたを開けた瞬間に白煙が上がる。これは拡散した塩化水素が空気中の小さな水の粒に溶けて濃い塩酸となるためである。したがって，ふたを開けるときに直接吸い込まないように注意が必要である。

（7）水溶液の濃さ

　物質が溶液中に溶けている割合を**濃度**という。通常，溶液全体の質量に対する溶質の質量で表す割合をパーセントで表した「**質量パーセント濃度**」が使われる。たとえば，90gの水に10gの食塩を溶かしたら，食塩水は100gになり，そのうち食塩は10gなので，質量パーセント濃度は10％である。この食塩水に水100gを加えれば，200gの食塩水中に食塩10gが溶けていることになるので，質量パーセント濃度は5％となる。

　化学の実験では，溶液1リットルに溶けている溶質の数で表す「**モル（mol）濃度**」を使うことが多い。水溶液中の物質同士の反応を考えるときには，物質の質量よりも物質の個数を合わせておくほうが便利だからである。しかし，

水溶液を作るときには，てんびんなどで質量を測るため，質量パーセント濃度とモル濃度を換算できることが望ましい。

2　酸性とアルカリ性の水溶液

(1) 酸と塩基

酸や**アルカリ**は，古来から生活に利用されてきた。酸(acid)は，ラテン語のacidus(酸っぱい)に由来する。レモン汁やお酢，炭酸水は酸味を示し，青色リトマス紙を赤くするなど共通の性質がある。この性質を**酸性**といい，水に溶かしたときに酸性を示す物質を**酸**という。酸性の液体には，塩酸や硫酸など金属を溶かすほどの強い性質を持つものもあり，最近では，銅像を溶かしたり樹木を枯らしたりする酸性雨の被害も報告されている。雨は，大気中の二酸化炭素が溶け込んでいるため，もともと弱い酸性であるが，酸性雨は，工場や自動車，あるいは火山などから排出された二酸化硫黄(SO_2)や二酸化窒素(NO_2)などが溶け込んで酸性が強い。

アルカリは，アラビア語で灰を表す言葉を語源としている。昔の人は，植物を燃やしてできた灰を水に溶かすとタンパク質を分解し溶かす性質があることを経験的に知っており，汚れを落とすのに利用してきた。石鹸水や洗剤，アンモニア水などは共通して苦味があり，赤色リトマス紙を青くするなど共通の性質がある。このような性質を**アルカリ性**といい，水に溶かすとアルカリ性を示す物質をアルカリ(**塩基**)という。

水溶液は，酸性，**中性**，**アルカリ性**の3つに分けることができる。身の回りにも酸性やアルカリ性の水溶液があり，たとえば，温泉にも酸性の温泉やアルカリ性の温泉がある。何も溶けていない純粋な水や，食塩水，砂糖水などは中性である。

(2) 酸・塩基の定義

酸性やアルカリ性の性質は，水に溶かしたときの電離式を見るとわかりやすい。表7-1は，代表的な酸と塩基について，化学式と電離式を示したものである。この電離式を見ると，酸には共通してH^+(水素イオンまたはプロトン)が

あり，塩基にはOH⁻（水酸化物イオン）がある。酸は，水に溶けたときにH⁺（水素イオン）を発生し，アルカリは水に溶けたときにOH⁻（水酸化物イオン）を発生するという共通の性質がある。

水素イオンとは，水素原子の電子が飛び出してプラス（＋）の電荷を帯びた粒子のことである。水酸化物イオンとは，水素原子と酸素原子が共有結合し電子を取り入れてマイナス（－）の電荷を帯びた粒子のことである。

この，水素イオンとしてふるまうイオンの数が多い水溶液が強酸性，水酸化物イオンとしてふるまうイオンの数が多い水溶液が強アルカリ性である。

表7-1 酸・塩基の種類と化学式・電離式

酸の名称	化学式	電離式
塩酸（塩化水素）	HCl	$H^+ + Cl^-$
硫酸	H_2SO_4	$2H^+ + SO_4^{2-}$
硝酸	HNO_3	$H^+ + NO_3^-$
酢酸	CH_3COOH	$CH_3COO^- + H^+$

塩基の名称	化学式	電離式
水酸化ナトリウム	NaOH	$Na^+ + OH^-$
水酸化カリウム	KOH	$K^+ + OH^-$
水酸化カルシウム	$Ca(OH)_2$	$Ca^{2+} + 2OH^-$
アンモニア	NH_3	$NH_3 + H_2O \rightleftarrows NH_4^+ + OH^-$

図7-5　陽イオンのでき方

（3）身の回りの物質とpH

酸性やアルカリ性の強さの度合いは，pH（ピイエイチ）で表すことができる。pHとは，Power of Hydrogenの略で，水溶液中の水素イオン濃度を示したものである。中性では，H⁺が10^{-7}mol/L存在することに基づいてpH7と示される。pH7より小さければ酸性，大きければアルカリ性である。pH7より小さければ小さいほど酸性の性質が強く，レモン汁や酢は約pH2である。pHとは，水溶液中の水素イオンの濃度を表しており，その濃度が10倍になるとpHは1小さくなる。逆に，pH7より大きければアルカリ性（塩基性）を示し，石鹸水はpH9である。pHが大きいほどアルカリ性の性質が強い。

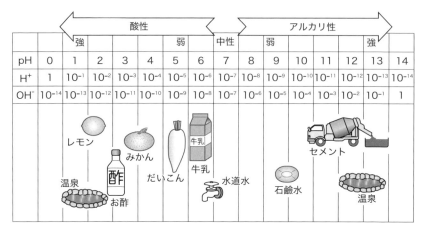

図7-6　身近な水溶液の酸性・アルカリ性(pH)

(4) 酸性，アルカリ性を判定する方法

　水溶液が酸性かアルカリ性かを判断する方法はいくつかある。青色リトマス紙に酸性の水溶液をつけると赤く変化し，赤色リトマス紙にアルカリ性の水溶液をつけると青く変化する。アンモニア水や塩酸など気体が溶けた水溶液は，リトマス紙をボトルの上にかざすだけで色が変化することもある。また，赤色リトマス紙にアルカリ性の水溶液をつけて青く変化したあと酸性の

> ### column　酸・塩基の定義の歴史
>
> 　酸や塩基は，古代からその性質が人々に知られ，利用されてきた。こうした性質の仕組みが化学的に解明されたのも17世紀以降である。
> 　ボイル(イギリス，1627-1691)は，酸の性質について次のように定義した。①リトマスゴケに含まれる色素を赤く変化させる，②多くの物質を溶かす，③アルカリの性質を失わせる。
> 　アレニウス(スウェーデン，1859-1927)は，1887年に，酸，塩基を次のように定義した。
> - 酸とは，水溶液中で水素イオンを生じる物質である。
> - 塩基とは，水溶液中で水酸化物イオンを生じる物質である。

水溶液をつければ，また赤く戻る。リトマス紙は，リトマスゴケという植物から抽出したアントシアニンという色素をろ紙にしみ込ませて作成したものである。アントシアニンは中性のときは紫色であるが，酸性になると赤くなる性質がある。

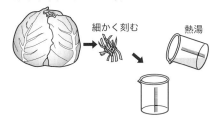

図7-7　ムラサキキャベツ試験液の作り方

　紫色の花びらや野菜などにはアントシアニンという色素が含まれていて，リトマス紙のように酸性で赤く変色するものもある。刻んだムラサキキャベツに酢が入ったドレッシングをあえると，キャベツの色が青紫から赤紫に変化する。ムラサキキャベツにもアントシアニンが含まれているからである。

　ムラサキキャベツの葉を細かく刻んでお湯で煮ると，ムラサキキャベツ試験液を作ることができる。その液を小さなカップに入れ，レモンやお酢をたらすと液の色が赤く変化する。アルカリ性の洗剤を入れるとその濃さによって緑色や黄色に変化するようすも観察できる。

　さらに試験液を濃く煮詰めて，ろ紙にしみ込ませれば，試験紙を作ることができる。試験紙を酸性の塩酸に近づければ赤に変わり，アルカリ性のアンモニア水に近づければ青に色が変わるので，リトマス紙のように2種類の試験紙を作ることもできる。

　マローブルーというハーブティーにも，アントシアニン系色素が含まれている。お湯でお茶を入れたときはうすい青色だが，レモンをたらすと赤く色が変わる。紫色のブドウジュースや紫芋パウダーなどでも同様の現象を実験的に観察することができる。

　BTB（ブロモチモールブルー）溶液やフェノールフタレイン溶液も酸性やアルカリ性を判定するときによく使われる。これらの薬品も，水溶液中の水素イオンと水酸化物イオンの数によって色が変化するので，判定に使用することができる。しかし，その反応はアントシアニンの反応とは違うため，薬品によって色が違っているのである。

(5) 中和

　酸性とアルカリ性の液を混ぜて、お互いの性質を打ち消し合うことを、**中和**という。お互いの性質を打ち消し合うのは、酸性の水溶液に含まれる水素イオン（H^+）とアルカリ性の水溶液に含まれる水酸化物イオン（OH^-）が結びついて水（H_2O）になるからである。中和をしていったとき水素イオンH^+と水酸化物イオンOH^-の数が等しい状態のときだけ中性になる。どちらかが1滴でも多いと、多いほうの性質を示してしまうので、中性を作るのはとてもむずかしい。水道水はさまざまな物質が溶け込んでいる場合もあり、中性とは限らない。そのため、容器に入れられて売られている飲料水には、pH7と書かれているものもある。

　塩酸（HCl）は、鉄や亜鉛など金属も溶かしてしまうほど強い性質を持つ。水酸化ナトリウム（NaOH）水溶液も、皮膚を溶かしたり、アルミニウムを溶かしたりしてしまうほど強い性質を持つ。しかし、塩酸に水酸化ナトリウム水溶液を加えていくと、徐々に強い酸性から弱い酸性になっていき水素イオンと水酸化物イオンの数がちょうど等しくなったとき中性になり、どちらの強い性質も消えてしまう。このとき生成する水以外の物質を塩（えん）という。ちょうど中性になるように中和するためには、水素イオンと水酸化物イオンの数が等しくなるように混ぜないとならない。この場合は、水溶液中の溶質の数を合わせる必要があるため、モル濃度（mol/L）の考え方を使って計算することが必要である。

　この中性の水溶液を熱して水を蒸発させると、塩酸中の塩化物イオン（Cl^-）と水酸化ナトリウム水溶液中のナトリウムイオン（Na^+）が結びついて食塩（塩化ナトリウム：NaCl）ができる。食べられる塩（えん）なので、食塩と呼ぶ。化学的には塩（しお）とは読まない。強い酸と強いアルカリを混ぜると、危険でない食塩になるというのは、原子同士の結びつきの不思議である。化学式や粒子のモデルで表すと、下の式や図のようになる。

$$HCl + NaOH \rightarrow NaCl + H_2O$$

　逆に、酸性とアルカリ性の液を混ぜることで、新たな危険な物質が発生す

ることもある。漂白剤や酸性のトイレ用の洗剤には「混ぜるな危険」という大きく目立つ表示がある。アルカリ性の漂白剤（次亜塩素酸ナトリウム）と酸性

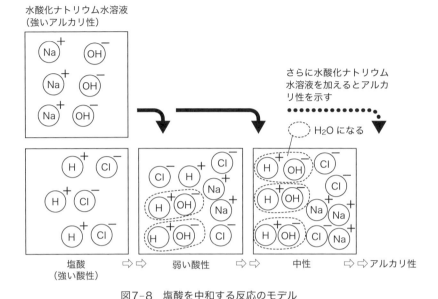

図7-8　塩酸を中和する反応のモデル

温泉や川の水の性質と中和の利用

　秋田県の玉川温泉の泉質は強酸性で、pH1.2である。入浴の注意書きには「お肌への刺激が強いため、入浴は3〜5分で」とある。一方、神奈川県の厚木飯山温泉や埼玉県の都幾川温泉のように泉質がpH11.3の強アルカリ温泉もある。

　群馬県草津白根山の山頂にある「湯釜」と呼ばれる火口湖は、世界一酸性度が強い。硫化水素や亜硫酸ガスなどが吹き出しているためである。その地域でわき出る温泉や川を流れる水も、pH2.1という鉄くぎも溶かすほどの強い酸性で、魚などの生物が棲めず、人々の生活も不便であった。そこで、中和反応を利用して酸の性質を打ち消して、この水質を改善する取り組みが始まった。1964年に草津中和工場が作られ、水に石灰（炭酸カルシウム）を混ぜて川に注入し、川の水を中和している。現在は、川が中和され下流に住む人も川の水を利用できるようになった。

の物質（おもにトイレ用の洗剤）には，混合すると有毒な塩素ガスが発生し危険な場合がある。過去に，実際に塩素系漂白剤と酸性洗浄剤を混ぜたことで塩素ガスが発生した事故が起こったため，その両方に「混ぜるな危険」という大きな表示がつけられるようになったのである。

(6) 水溶液が金属を溶かすとき

塩酸に鉄やアルミニウムなどの金属を入れると，シュワシュワと気体が発生し，しばらくすると鉄やアルミニウムは見えなくなってしまう。このとき発生した気体は，塩酸に含まれていた水素イオンが還元されて生成した水素分子（H_2）である。

この水素が生成するときに，金属も別の物質に変化したので，食塩が水に溶けたときのように，水だけを蒸発させてまた金属を取り出すことはできない。水素が抜けてしまった透明な液体を加熱して，水分を蒸発させてみると，溶かす前の鉄やアルミニウムとは色も性質もまったく違う物質が析出してくる。

確認問題

1　さまざまな洗剤や飲料の成分表を見て，それぞれが酸性かアルカリ性か調べなさい。ムラサキキャベツで試験液や試験紙を作り，実験して確かめなさい。
2　食塩水，砂糖水の溶質と溶媒は何か。物質名で答えなさい。
3　水に食塩が溶ける反応と，水に氷が溶ける反応，塩酸に鉄やアルミニウムが溶ける反応の違いを説明しなさい。

より深く学習するための参考文献
・アイザック・アシモフ『化学の歴史』玉虫文一・竹内敬人訳，筑摩書房，2010年
・左巻健男『大人のやりなおし中学化学——現代を生きるために必要な科学的基礎知識が身につく』ソフトバンククリエイティブ，2008年
・竹内敬人他『新編　化学基礎』東京書籍，2012年
・渡辺正・北條博彦『高校で教わりたかった化学』日本評論社，2008年

第8章

燃焼・酸化・還元・化学変化

　人類は，火を自在にあやつることによって，文明を発展させてきた。50万年前の遺跡からも，人類が火を使った形跡が見つかっている。夜の闇や寒さから身を守り，獣からも身を守ってくれる火によって，体の小さい人間は他の動物よりも優位に発展したと考えられている。本章では，物が燃える仕組みや物質同士の反応などについて学んでいこう。

キーワード

　　　燃焼　酸化　化学変化　炎　還元

1　燃焼の仕組み

(1) ものが燃えるとは

　ものが燃える(燃焼)とは，激しく光を出して物質と酸素が結合する現象である。**燃焼**は**酸化**という**化学変化**の一種である。

　物が燃えるためには，次の3つの要素が必要であるとされている。

①燃えるものがあること

②酸素があること

③熱があること(燃える物質が発火点以上の温度であること)

　この3つのうちいずれか1つでも欠けると，物は燃えなくなる。たとえば，ろうそくは，ろうがなくなると燃え尽きる。しかし，集気びんなど密閉された容器の中で燃やすと，ろうが残っていても炎が消える。これは，酸素が足

りなくなったからである。また，火が燃えているところに水をかけると消火されるのは，水の蒸発によって温度が下がり，③の条件「発火点以上の温度」がなくなるからである。しかし，下に述べるように火を消すときには水をかけるとかえって危険なこともあるため，空気(酸素)を遮断するほうが望ましい。

　マッチやろうそくは，息を吹きかけて火を消すことができるが，アルコールランプに息を吹きかけても火は消えず，かえって炎がゆらいでしまって危険である。火を消すとき，アルコールランプにふたをするのは，空気を遮断するためである。また，ふたをしたあと，すぐにまた開けると，再び火がつくことがある。燃えるものであるアルコールの気体と，燃えるための熱がまだ残っていたためである。

　天ぷら油に引火したときのように，燃えるものがたくさんあり高温のときは，濡れたタオルをかぶせるなどして，空気を遮断して消火するのがよい。引火した油の火に水を注ぐと，かえって危険である。天ぷらを揚げているときの油の温度は180℃であるが，引火しているときは300℃を大きく超えているので，水が瞬時に激しく気化し，燃えている油を飛び散らしてしまうのである。

(2) 何が燃えているのか

　マッチやろうそくは，今ではあまり見られなくなったが，簡単な仕組みで火をつけ，明るさや温かさを長持ちさせる便利な道具である。マッチは，マッチ棒の頭とマッチ箱の側面に塗られた薬の面を強くこすることによって火がつく仕組みになっている。その炎をろうそくやアルコールランプの芯に近づけると，炎が生じ，長く燃え続ける。

図8-1　アルコールランプ

　アルコールランプは，中に入っているアルコールが芯をつたって毛管現象で上がっていき，気化してその気体が燃えている。そのため，芯は常にアルコールに浸っていなければならない。アルコールがなくなってしまうと，芯自体が燃え，黒くこげてしまう。また，アルコールが少なくなると，アルコールが蒸発してランプの中の上の空間に可燃性のアルコール気体がたまり，火を近づけると一気に燃焼することがあるのでアル

コールの量が十分にあるか注意が必要である。

　ろうそくも，燃えているのは芯ではなく，ろうである。固体であるろうそくは，温められて液体となり，芯をつたって上がっていき，気体となって炎を出す。ろうそくを燃やしていくと，上の部分が少しくぼんでお椀のようになり，ろうの液体がたまっているのが見える。

図8-2　ろうそく

　炎は気体が燃えている現象である。ろうそくもアルコールランプも，芯は燃えないが，固体や液体の燃料が気体となって燃え続けるために重要な役割をしている。各家庭のガスコンロや都市ガスなどは，スイッチをひねると元栓からガスが出てくる。そのガスに直接マッチの炎や火花を近づけることでそのガスに燃え移る。

(3) ２種類のアルコール

　アルコールには，メタノールとエタノールなどがある。小学校で使うアルコールランプにはエタノールを使うことが多い。一文字違いでも性質が大きく違うので注意が必要である。表8-1を見ると，メタノールとエタノールは，どちらも炭素，水素，酸素で構成されており，どちらも常温で液体であり，水より密度が小さい。沸点は水よりも低く，蒸発しやすい。表8-1にあるように

野外で火をつけるとき

　たき火やかまどなどで，太くて大きな材木にいきなり火をつけようとしても，なかなか火がつかないで苦労することがある。とくに，材木が冷えていたり湿っていたり，大きな材木を重ねてしまうと，温度が低かったり酸素が不足したりして，なかなか火がつかず煙ばかりが出てしまう。この煙は，木の成分が分解されてできた小さな固体や液体の小さな粒である。

　炎を出してよく燃えるためには，材木の中の炭素と酸素が十分に出合って結びつかなければならない。酸素と燃える物質が接する表面積がたくさんあるものほど燃えやすいので，はじめに細く乾燥した枝や割り箸などに火をつけるとよい。そこで十分な温度を得られると，太い薪も徐々に温まって乾燥し，火がつくようになる。

どちらも，炭素，水素，酸素でできているが性質は異なる。

エタノールは，お酒に含まれるアルコールであり，消毒液の主成分である。価格もメタノールより高い。メタノールは，日常的には着火剤や燃料として使われているが，小さじ1杯分でも誤飲すると失明・死亡する危険のある強い毒性があり，引火の危険性もあるので，小学校で行う実験には適さない。

表8-1　エタノールとメタノールの性質

	メタノール	エタノール
外観	無色液体	無色液体
化学式	CH_4O	C_2H_6O
分子構造	H-C-O-H	H-C-C-O-H
モル質量	32.04 g/mol	46.07 g/mol
密度	0.7918 g/cm^3	0.789 g/cm^3
融点	－97℃	－114.3℃
沸点	64.7℃	78.37℃

（4）炎を出す燃焼，出さない燃焼

野外で火を使うとき，薪を使うときと炭を使うときがある。薪と炭の燃え方の違いを考えてみよう。薪は炎が上がるので，明るい炎を囲むキャンプファイヤーやたき火，薪ストーブなどに使われる。薪に火をつけると，まず木の中の水分が蒸発し，さらに木の細胞に含まれていた成分が分解され，酸やアルコール，油類など100種類以上のよく燃える気体が発生する。その気体が空気中の酸素と急激に結びついて熱と光を出し，この熱でさらに燃える物質が分解され気体が出て燃え続けるのである。これが炎である。

炭は煙や炎を出して燃えない。炭は炎を出さないが，赤くじわじわと赤外線を出して長い時間安定した温度を保つため，炭火焼き，焼き肉などにも使われる。薪も炭も，原料は同じ木材であるが，炭は，材木が炭素の骨組みだけになったものであり，ほぼ炭素のみで構成されている。炭には気体になる成分がないため，炎を出さずに炭素が空気中の酸素と結びついて光と熱を出

すだけなのである。

(5) 物が燃えると酸素はなくなってしまうのか

密閉された空間でろうそくに火をつけると、しばらく燃えるが、やがて炎が小さくなり消えてしまう。これは、密閉された空間の中の酸素をすべて使い果たしたからではなく、酸素の割合が一定の値以下になったからである。

表8-2は、密閉容器の中でろうそくを燃焼させた前後の酸素と二酸化炭素の量の測定値である。燃えたあとも、酸素は17％も残っている。通常、酸素が16％以下になると、火は消えてしまう。また、酸素が16％以下の場所でマッチをすっても火はつかない。燃える物質が、空気中の酸素とうまく結びつかないからである。空気の約79％は窒素であるが、窒素の量は燃焼の前後で変化しない。

表8-2 燃える前後の空気中の気体の量（ガステック社調べ）

	燃やす前（ふつうの空気）	燃やした後（消えた後）
酸素	約21％	約17％
二酸化炭素	約0.03％	約3.5％

column 炭を作る

木材を、空気が入らない蒸し焼き状態にしたとき、炭素と酸素が結合せずに水蒸気やガス分だけが抜けて炭素分だけが残る。これが炭である。キャンプファイヤーやたき火のあと、材木がその形のまま黒くて細くなったものも炭である。

割り箸で炭を作ってみよう。割り箸を3cmほどに切り、試験管に入れたりアルミホイルで二重に巻いたりして空気を入れないようにして熱する。すると、燃焼するための酸素が足りないため、白い気体を出して、中で割り箸は炭になる。このとき、少し空気穴をあけておくと、穴から白い煙が盛んに出てくる。この白い煙は木ガスといわれ、火を近づけると炎を出して燃える。木ガスの成分は、一酸化炭素（CO）やメタン（CH_4）などである。試験管に入れて熱すると、中で割り箸が炭になっていくようすを観察することができる。割り箸だけでなく、果物や野菜などでも酸素を遮断して熱すれば、炭を作ることができる。

空気中よりも酸素の量を多くすると，燃焼の現象は激しくなる。集気びんに酸素を充満させて火のついたろうそくを入れると，激しく燃え，ろうそくは急激に小さくなる。

　木材や紙などには，炭素と水素が含まれており，燃やしているものに含まれている成分が熱で分解されて気体となり，その気体が酸素と結びついて炎を出し，二酸化炭素や水が生じる。

（6）スチールウールの燃焼

　鉄の塊にろうそくやマッチの火を近づけてもなかなか燃えない。鉄と酸素が十分に出合うことができず，燃えるために十分な温度にもならないからである。しかし，同じ鉄でも，研磨剤や汚れ落としに使うスチールウールに火をつけると，めらめらと赤く燃えるようすが観察できる。スチールウールは，文字通りスチール（鉄）をウール（羊毛）状態にして鉄が細い繊維状になったものであり，表面積が大きいため空気中の酸素とよく出合うのである。さらに，酸素を充満させた集気びんの中に入れると，もっと激しく火花を散らして燃える。

　スチールウールの燃焼は，炎を出さない。スチールウールには気体になる成分が含まれていないからである。よく観察すると，繊維をつたって赤いところが移動していき，鉄がじわじわと酸素と結びついていることがわかるだろう。また，スチールウールを燃焼したあとに，二酸化炭素はできない。スチールウールの成分は鉄だけであり，炭素は含まれていないので，燃えても二酸化炭素はできないのである。さらに，燃えたあとの質量は，燃える前より大きくなっている。これは，鉄が酸素と結びついたからである。

2　酸化の仕組み

（1）酸化とは何か

　物質が酸素と化合することを**酸化**という。物が燃える燃焼も酸化の一つである。ほかにも，身の周りで見られる酸化には，鉄くぎが錆びる，リンゴの切り口が茶色くなる現象などがある。ワインや食用油などの食品が酸化して，

味が悪くなる。これらは，燃焼のように炎や熱を出す激しい反応とは違うが，物質が空気中で徐々に酸素と結びつく反応である。このように，物質同士が化合して違う物質になったり，構成する原子の組み合わせが変わったりする反応を**化学変化**という。

多くの酸化反応は，熱を出す発熱反応である。使い捨てカイロも酸化の現象を利用してその反応熱によって暖をとるものである。カイロの中には，鉄粉，活性炭，食塩，水，バーミキュライト（園芸用の土）などが入っている。酸化の反応が穏やかに進むため，そのとき熱が徐々に発生し，その熱を利用することが可能となるのである。ビニール袋を開けると，周りの空気中の酸素とカイロ内の鉄粉とが触れ合って化合する。中の鉄がすべて化合して酸化鉄になると反応が終わるので使い捨てであるが，使いかけを密封の袋に入れておくと酸素を遮断して反応を止めることができる。

図8-3のようにして，自分で使い捨てカイロを作ることもできる。しかし，一般のカイロは表面が特殊な布になっており，酸素の入る量が調節されている。封筒で作る場合には，酸素の調節がされないので一気に60℃を超えることがあり危険なので注意が必要である。

酸素の気体検知管の中では，細いガラス管の中で酸化反応が起きているので，ガラス管がとても熱くなる。

火力発電は，石油や石炭を燃焼させることによって得た熱エネルギーから電気を作る技術である。石油や石炭にも炭素が含まれているので，発電するときに二酸化炭素が発生する。

酸化も燃焼も，物質と酸素が結びつくという点では同じだが，鉄が錆びていることを，鉄が燃えているとは言わない。「燃える（燃焼）」反応は，酸化のなかでも，炎が出ていたり，真っ赤になって熱くなっていたりする現象を指す。

図8-3　使い捨てカイロ

(2) 金属の酸化とその防止

　使い終わったカイロの中を観察すると，黒かった鉄粉や活性炭の混合物が赤褐色へと変化したことが確認できる。この赤褐色の物質は酸化鉄といい，鉄が錆びた物質である。金属が錆びるとは，金属が酸化することである。

　多くの金属は，空気中に置いておくと，錆びてしまう。金属でできた道具は，錆びてしまうと本来の性質が失われ，金属の性質である金属光沢や展性・延性が失われるだけでなく，強度もなくなり，もろくなってしまい，役に立たなくなってしまう。一般的に金属の酸化を防ぐためには，その原因となる酸素の除去，つまり金属と空気が触れ合わないようにするとよい。そのため，金属製品は，表面をペンキなどで塗装したり，油膜で覆ったり，別の金属でメッキしたり，他の金属と混ぜて合金にしたりしている。

　広く使われているステンレス(Steinless)は，鉄にクロムなど他の金属を混ぜて錆びにくくした合金である。ステン(Stein)は英語で錆や汚れ，レス(less)は「ない」という意味である。トタン屋根やトタン塀など波状の建築素材として使われているトタンは，鉄の表面を亜鉛でメッキしたもので，表面の亜鉛が錆びることで内部の鉄を守っている。一方，缶詰の容器として使われているブリキは，鉄の表面をスズでメッキしたもので，スズは鉄よりも錆びにくいため，傷がつかなければ内部の鉄を保護し続けることができる。

　1円玉やアルミサッシは，塗装されていないのに錆びない。アルミニウムは酸化されやすい金属だが，錆びはできにくい。これは，アルミニウムが空気と触れるとすぐに酸化し，酸化アルミニウムが被膜となって内部を保護するため，アルミニウムの表面が腐食から守られるからである。この表面の薄い酸化被膜を人工的に厚くしたものがアルマイトで，腐食に強く頑強なのが特徴である。

(3) 燃焼したあとにできる物質

　薪や炭を燃やすと，その成分である炭素と空気中の酸素が結びついて二酸化炭素ができる。また，水素と酸素が結びつくと水(水蒸気)ができる。燃焼したあとにできる物質は，燃やした物質がどのような元素でできているかによって決まる。ろうそくやアルコール，都市ガスやプロパンガスにはすべて

炭素と水素が含まれているので，燃焼すると，二酸化炭素と水ができる。石油からつくられたプラスチックにも，炭素と水素が含まれており，燃焼すると二酸化炭素と水ができる。

木炭のように，燃やす物質が炭素のみの場合は，空気中の酸素（O_2）とすべて結びついて，炭素（C）は二酸化炭素（CO_2）となり，跡形もなくなってしまう。プロパンガスの成分プロパン（C_3H_8）も，炭素と水素のみでできた物質なので，燃焼したあとは，二酸化炭素（CO_2）と水蒸気（H_2O）のみになり，跡形もなくなる。プロパン1分子に含まれる炭素原子3つ分を完全に燃焼させると，二酸化炭素分子が3つでき，水素原子8つ分が4つの水分子になるので，プロパン分子1つの燃焼（酸化）に対して，酸素分子5つが必要となる。化学反応式で示すと以下のようになる。

$$C_3H_8 + 5O_2 \rightarrow 3CO_2 + 4H_2O$$

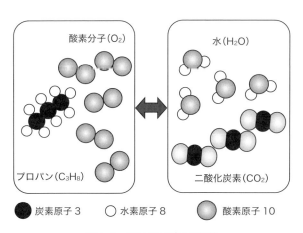

図8-4　プロパンガスの燃焼

また，スチールウールが燃焼しても二酸化炭素はできない。鉄が酸素と結びついて酸化鉄になるだけである。

薪やろうそく，紙などが燃えたあと，その質量はどのように変化するのだろうか。逃げ場のない，すなわちすべての物質が出入りすることのできない，

ある決まった空間の中で，薪やろうそくそのものは燃えることによってほとんど消えて見えなくなっても，出てきた灰や煙などを逃がすことなくすべて集めておけば，この空間内の全体の質量は変化しない。酸化反応は，酸素と結びつく反応であるから，燃えたあとの物質を集めて質量を測定すると，燃える前よりも増加している。この増加分は燃えた物質と結合した酸素の質量である。

スチールウールの燃焼では，気体が出ないで鉄が酸素と化合するだけなので，燃焼前後の質量を正確に測定すると，化合した酸素の分だけ質量が大きくなるのである。

3 化学反応

(1) 酸化と還元

物質が酸素と化合する反応を酸化というが，逆に，酸化物から酸素が奪われる化学変化を**還元**という。たとえば，銅は特有の薄茶色でぴかぴかと光っているが，酸化銅になると黒ずんで光沢がなくなる。しかし，この酸化銅から酸素を取り除くと，元のぴかぴかの銅に戻る。酸化物から酸素を奪うためには，銅より酸素と結びつきやすい，つまり酸化されやすい物質に，奪い取らせればよい。

【酸化反応】 銅の粉末をステンレス皿に薄く広げ，ガスバーナーで加熱すると，黒色の酸化銅に変化する。

この銅の酸化を化学反応式で示すと下のようになる。

(銅は酸化される)

$$2Cu + O_2 \rightarrow 2CuO \cdots\cdots ①$$

【還元反応】 酸化銅（CuO）と炭素粉末（C）を乳鉢と乳棒で混ぜ合わせ，試験管に入れ，ガスバーナーで加熱すると，二酸化

図8-5 銅の酸化

炭素が発生し，試験管には橙赤色(とうせきしょく)の物質が残る。これを取り出し，金属製の薬さじで擦(こす)ると光沢が出る。つまり，銅に戻った（還元された）のである。

この酸化銅の還元を化学反応式で示すと下のようになる。

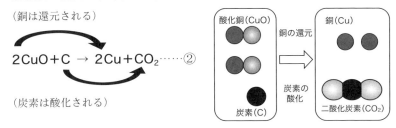

図8-6　銅の還元

化学反応式②を見てみよう。銅に着目すると，銅は酸素を失ったので還元されている。しかし，炭素に着目すると，炭素は酸素と結びついているので酸化されていることがわかる。つまり，酸化と還元は対になって同時に起こる化学変化である。

銅を還元するには，炭素以外にも，水素やエタノール，砂糖でも可能であ

column 金属を取り出す技術は還元反応

人類は採掘した鉱物から金属を取り出す技術を発展させ，生活に役立ててきた。鉄鉱石など多くの金属は酸化物の形で存在している。古くは，木炭と混ぜて加熱したり，大量の薪の上に鉄鉱石を置いて燃やしたりしていたものが，徐々に，熱をこもらせるような炉を作るようになった。これらの技術はどれも，酸化鉄を炭素によって還元する化学変化を利用している。

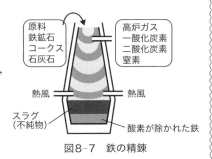

図8-7　鉄の精錬

このように，金属の化合物を含んだ鉱石から化学変化により高純度の金属を取り出すことを精錬という。現在の製鉄では，鉄鉱石として産出される鉄の酸化物を融かし，石炭を蒸し焼きにして作られたコークス（炭素：還元するため）や石灰石（不純物を除くため）と混ぜ合わせている。高炉で熱することで，酸化鉄を休みなく還元して鉄を取り出し続けている。

る。銅の針金をガスバーナーで加熱し，熱いうちに水素やエタノール，砂糖の中に入れると酸化銅から酸素が奪い取られ，銅に戻る。

> ### 二酸化炭素の中でも燃えるマグネシウム
>
> 　　　　燃焼とは，酸化の中でも激しく光や熱を発生させる化学変化である。一般的に二酸化炭素の中では物質は燃焼しないと考えられる。ところが，空気中で燃焼を開始させたマグネシウムリボンを二酸化炭素で満たされた集気びんの中に入れると，燃焼を続け，酸化マグネシウムへと変化する。なぜ，二酸化炭素中で燃焼を続けられるのか，その理由を考えてみよう。
>
> $$2Mg + CO_2 \rightarrow 2MgO + C \cdots \cdots ③$$
>
> 　化学反応式③に示したように，燃焼を始めたマグネシウムは，二酸化炭素中では二酸化炭素の中の酸素を奪い取り酸化マグネシウムへと変化し続ける。同時に二酸化炭素の炭素がマグネシウムにより還元されるため，燃焼後，集気びんの中に黒い物質（炭素）が確認できるのである。

確認問題

1. 使い捨てカイロを開封し，中の袋をはさみで切り，中身を紙の上に取り出して温度変化を調べなさい。積み上げた場合と平らに広げた場合，ふつうに使用する場合などを比べ，温度変化が異なる理由を考えなさい。
2. プロパンの化学反応式を参考に，エタノールやメタノールの燃焼反応の化学反応式を考えて作りなさい。
3. 割り箸から炭を作り，割り箸と炭を燃やしてみて，それらの燃え方の違いを観察しなさい。

より深く学習するための参考文献
・M・ファラデー『ロウソクの科学』竹内敬人訳，岩波書店，2010年
・滝川洋二編『発展コラム式　中学理科の教科書　改訂版　物理・化学編』講談社，2014年

第9章

生物の分類

　生物の種類はひじょうに多く，現在，知られているだけでも約150万種あり，未知のものを含めると1億種以上とも推定されている。このように多種多様である一方，これらすべての生物には共通性があることから，地球上すべての種は共通の祖先をもつと考えられている。ではこれらの生物はどのように分けられているのだろうか。本章では，生物学の基礎となる生物の分類を進化の観点から学んでいく。

キーワード
進化　共通性　系統　階層　ドメイン　植物　動物　菌　原生生物
分類　五界説　三ドメイン説　裸子植物　被子植物　単子葉植物
双子葉植物　真核生物　原核生物

1　生物の分類と系統

(1) 生物の共通性と分類
　現在の地球で生存している多様な生物は，1種の生物から進化したと考えられている。その根拠として，すべての生物に共通の性質や特徴が見られるためである。その特徴には次のようなものがある。①細胞からできている，②自己増殖能をもつ，③遺伝情報であるDNAが子孫に遺伝する，④代謝が営まれ，エネルギーなどが作られる，⑤体内の環境を維持する恒常性が備わっている，⑥外部からのさまざまな刺激に応答することができる，⑦進化し，環

境の変化に適応できることである。このような共通性はタンポポにもゾウにも乳酸菌にも見られ，地球上の生物が共通の祖先から進化したと考えられている理由である。

このように生物は多様であるが，共通性があり，その共通性に基づいて，グループごとになかま分けすることを分類という。そして生物が進化してきた道筋を系統と呼び，それに基づき類縁関係をグループ化することを系統分類という。系統を表す図は太い幹から伸びる枝のように見えるため，系統樹と呼ばれ，共通の祖先から分岐した時間が短いほど，多くの共通性をもつ。

(2) 分類の単位と生物の名前

生物を分ける最小単位は種である。種とは相互に交配し，生殖能力を持つ子を生み出すことができ，また他の種とは，生殖的に隔離されている自然の個体群のことである。生物の名前，つまり種の名前は，世界共通の学名で表記され，ふつうラテン語を用い，属名の後ろに種を特定する種小名を並べて記載する二名法が使われる。たとえばヒトを二名法で表記すると *Homo sapiens* となる。*Homo* とは属名であり，*sapiens* は種小名である。ラテン語で「知恵のある人」という意味をもつ。この二名法は分類学の父と呼ばれるリンネにより確立されたものである。なお「ヒト」のような日本語による名前の表記を和名といい，動植物名の和名はふつうカタカナで表す。

(3) 分類の階層

生物を分類するとき，階層を示し，その分類体系を構造化する。生物の種を最小単位とし，よく似た種をまとめたものを属と呼び，よく似た属をまとめたものを科と呼ぶ。さらに科より上位のグループは，低位から順に目・綱・門・界・ドメインに分ける。たとえば人間の種名はヒトであるが，これを分類体系で示すと，上位のグループから順に真核生物ドメイン・動物界・脊椎動物門・哺乳綱・サル目・ヒト科・ヒト属・ヒトとなる。

図9-1 ヒトの分類

（4）生物の分類法（五界説と三ドメイン説）

　アリストテレスは生物を動物（界）と植物（界）に分ける二界説を提唱したが，20世紀に入り，より詳細に分類することが可能となり，1959年アメリカのホイッタカーは，生物を原核生物界（モネラ界），原生生物界，菌界，植物界，動物界の5つに分ける五界説を提唱した。この分類法は現在，生物学において広く用いられている。

　さらに細胞や分子レベルでの解析が進み，界よりも上位の分類体系が存在する。図9-2の通り，生物は細胞の構造を基準として分類し，生物を核をもたない原核生物と核をもつ真核生物に大別されたが，1977年アメリカのウーズにより原核生物にも多様性があることが明らかになり，原核生物をさらに細菌（バクテリア）と古細菌（アーキア）に分けるようになった。このことから全生物は細菌ドメイン（バクテリア），古細菌ドメイン（アーキア），真核生物ドメイン（ユーカリア）の3つに分類され，これを三ドメイン説と呼び，現在，その説が妥当であるとされている。

　このように生物は共通祖先から38億年前に細菌と，古細菌・真核生物の共通祖先に分岐し，さらに24億年前に古細菌と真核生物が分岐したとされている。やがて真核生物は多細胞生物へと進化し，菌，植物，動物に分化したと考えられている。

1）細菌ドメイン

　細菌には多くの種類があり，大きく従属栄養細菌と独立栄養細菌に分類される。従属栄養生物の細菌には，大腸菌や乳酸菌，根粒菌などがあり，独立栄養生物の細菌には，光合成を行う光合成細菌（ラン藻など）や化学合成を行う化学合成細菌（窒素固定細菌，硫黄細菌など）がある。通常，細菌といえば次項の古細菌と区別するため真正細菌と示す。

2）古細菌ドメイン

　古細菌には，熱水噴出孔のような高温環境に生息する好熱菌，塩湖のような高塩濃度環境に生息する好塩菌，沼の底のような酸素が欠乏した環境に生息するメタン菌などがある。古細菌は，他の生物が生活できないような極限

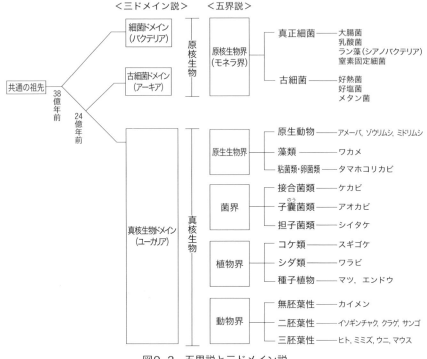

図9-2 五界説と三ドメイン説

環境で生息することから，生命が誕生したばかりの原始地球の環境に生きていたとされるため「古」細菌と名付けられている。しかし遺伝子構造やその発現機構から，実際には古細菌は真正細菌より真核生物と近縁であることがわかっており，真正細菌と真核生物の中間に位置する生物であると推測されている。

3) 真核生物ドメイン

原核生物には核がなく，染色体が集まった核様体があるだけで，DNAの存在様式は裸のままであり，基本的に単細胞生物で，分裂は2分裂で無性的に増殖をする原始的な生物である。それに対して，真核生物はその名のとおり，核や細胞小器官，細胞内骨格をもっており，染色体はタンパク質が結合したクロマチンという構造になっている。

真核生物ドメインは，さらに原生生物（界），菌（界），動物（界），植物（界）に分けることができる。次の節からは，それぞれの界に属する生物が地球の歴史とともに，どのように進化していくのかを見ていくことにする。

2　原生生物界の生物

(1) 原生動物

　原生動物は，真核生物のなかで，単細胞の生物や多細胞でも単純で組織が発達していない原生生物界に属する生物であり，運動性が高い原生生物のことをいう。原生生物界には，原生動物のほかに藻類，粘菌類，卵菌類が存在する。原生動物にはアメーバやゾウリムシなどがあり，有機物や他の生物を捕食する従属栄養生物が多い。ミドリムシのように葉緑体をもち，光合成を行うことから藻類に分類されることもある。このように動物と藻類の中間をもつ原生生物も多い。

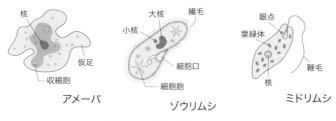

図9-3　原生生物のなかま

(2) 藻類

　葉緑体をもち，光合成を行う原生生物を藻類と呼ぶ。藻類には単細胞と多細胞の藻類があり，単細胞の藻類は，プランクトンのケイ藻などがある。ほとんど肉眼では見られないが，海や湖，池や水槽など水のあるさまざまな環境に多くの種が生育し，生き物の餌になったり，酸素を作り出している。

　多細胞生物の藻類には，コンブやワカメなどの褐藻類，海苔でお馴染みのアサクサノリは紅藻類，アオサやアオノリ，海ブドウの名で食用とされるクビレヅタなどの緑藻類がある。池や沼で見られるシャジクモは藻類とされ，植物の祖先と考えられている。

ハネケイソウ　　　　クビレヅタ　　　　シャジクモ

図9-4　藻類のなかま

(3) 粘菌類・卵菌類

　一定の形をもたないアメーバのような原形質の塊の生物で，細胞壁をまったく形成せずに多核体として成長する。これを変形体というが，のちに子実体を生じて多くの胞子を形成する。粘菌類には発芽しアメーバ状の細胞を形成する真正粘菌類（ムラサキホコリカビなど）と，変形体を作らない細胞性粘菌（タマホコリカビ）がある。

　また，卵菌類は水中で生活するミズカビなどがある。遊走子とよばれる鞭毛をもつ生殖細胞を作って繁殖する。

3　菌界の生物

(1) 菌界の生物

　菌類は真菌とも呼ばれ，真核生物の一つであり，また従属栄養生物でもある。細胞壁を持ち，菌糸や胞子を形成し，基本的に運動性のない微生物で，一般的な言葉ではキノコ・カビ・酵母とも呼ばれる生物の総称である。自然界では動物の死骸や植物を分解する役割など，自然環境の形成や物質循環に重要な役割を担っているばかりでなく，人間の日々の生活にもかかわる生物群である。

(2) 接合菌類

　接合菌門は一般的には菌糸を形成する糸状菌である。菌糸に隔壁のない多核体の菌糸体を形成する。隔壁がないため物質の輸送能力が高いと考えられ，また生長速度がきわめて高いものもある。有性胞子は接合胞子で，これは核

型の異なる2つの菌糸上に形成された配偶子嚢が接合して形成される。無性的に胞子嚢胞子を形成する。

（3）子嚢菌類

子嚢菌門は高等菌類でアカパンカビなど多くのカビがこの子嚢菌のグループに属している。キノコを作るものもあり，トリュフ類などが含まれる。菌糸には単純な構造の隔壁があり，1細胞あたり1個の単相の核を含む。有性胞子は子嚢胞子で，減数分裂によって生じる胞子を袋（子嚢）の中に作るのを特徴とする。無性的に分生子（体の一部が減数分裂などなしに胞子になる，遺伝的には親のクローン）を作ることもよくある。

（4）担子菌類

担子菌門は，多数の菌糸と呼ばれる管状の細胞から構成され，多くが肉眼的な子実体（いわゆるキノコ）を作る。菌糸には複雑な構造の孔を持つ隔壁がある。有性胞子は担子胞子で，カサの裏のヒダの表面にある担子器と呼ばれる特別な細胞の中で作られる。無性的に分生子を作ることもある。

4　植物界の生物

植物の分類と進化

植物を大別すると種子を作らない植物（花が咲かない）と種子を作る植物（花

図9-5　植物の分類と進化

が咲く）とに分類される。種子を作らない植物にはコケ植物，シダ植物があり，種子をつける植物には裸子植物と被子植物があり，被子植物はさらに単子葉類と双子葉植物に分類される。

（1）コケ植物

根・茎・葉の区別がはっきりせず，維管束はない（発達していない）ので水や肥料分は，体の表面全体から吸収する。そのため，日当たりの悪いじめじめしたところを生活圏とする。仮根をもつが根ではなく，仮根での水を吸収する力は弱い。

雄株と雌株に分かれているものが多く，それぞれどちらになるかは胞子のときに決まっている。雄株には精子を作る造精器があり，雌株には卵を作る造卵器がある。雨などで水につかると，精子は水中を泳いで卵に達して受精が行われる。受精すると，造卵器が胞子嚢になり，胞子嚢で胞子が作られる。コケ植物にはスギゴケ，ゼニゴケなどがある。ゼニゴケの場合，無性芽が作られ，これが地面に落ちて増える繁殖も行う。

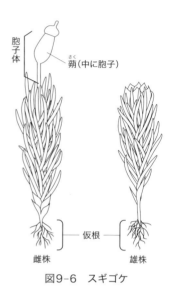

図9-6　スギゴケ

（2）シダ植物

根・茎・葉の区別があり，維管束が発達している。地上に出ている部分が葉で，地表に出ている茎のように見える部分は，葉の柄である。茎は地中にあり地下茎という。地下茎から出る無数のひげ根から水を吸収する。

シダ植物の子孫の残し方

胞子はシダ植物の葉の裏にある胞子嚢で作られ，胞子嚢が乾燥すると，胞子嚢が割けて胞子が飛び散り，湿った場所に落ちた胞子は発芽する。種子が発芽して育つ植物と異なり，胞子は発芽してまず前葉体ができ，前葉体の表

面で卵細胞は受精してシダ植物に成長する。シダ植物にはワラビやウラジロ（正月のしめ飾りや餅の飾りとして使われる）などがある。

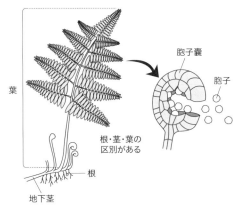

図9-7　イヌワラビ

（3）裸子植物と被子植物

植物のうち，有性生殖の結果として種子を形成するものを種子植物と呼び，維管束を持つ維管束植物に含まれる。全植物の約8割を占め，大別すると，子房がなく胚珠がむきだしの裸子植物（門）と，胚珠が子房に包まれている被子植物（門）に分かれる。

裸子植物（マツ・スギ・イチョウ・ソテツなど）は，花粉を受け入れる際には胚珠が外気と直接接している時期があり，スギに代表されるように花粉が風により運ばれる風媒花となる。進化の観点では裸子植物は古い起源のものであり，今日では地球上に存在する総数も1000種に満たない。

被子植物（アブラナ・エンドウ・サクラ・カキなど）は，胚珠は子房に包まれているため，花粉はめしべの柱頭に付いてそこから花粉管を伸ばし，胚珠に達して受精する。風媒花もあるが虫や鳥など動物の媒介により受粉するものが多い。被子植物は現在の地球上の植物の大半（25万種）を占め，多様性の観点からは裸子植物を圧倒している。

花粉は精核を2つ作り，一つは卵と受精して胚を形成し，もう一つは2つの極核と受精して胚乳となる。2カ所で受精が行われるため，重複受精と呼ぶ。

単子葉植物と双子葉植物

被子植物はさらに双子葉類と単子葉類に分類される。種子の中に初めから入っている葉を子葉といい，子葉が1枚のものを単子葉植物（イネ，ムギなど），2枚のものを双子葉植物（アサガオ，サクラなど）という。

葉面を走る維管束系の筋を葉脈と呼び，平行脈は単子葉植物，葉脈の全体の走行が網状の網状脈は双子葉植物の特徴とみなされているが，例外も少なくない。

表9-1　植物の分類からみた特徴

	藻類	コケ植物	シダ植物	種子植物	
				裸子植物	被子植物
植物の一例	コンブ	スギゴケ	ゼンマイ	イチョウ	アブラナ
光合成の有無	する	する	する	する	する
維管束の有無	ない	ない	ある	ある	ある
根・茎・葉の区別	ない	ない	ある	ある	ある
子孫の増やし方	胞子や分裂	胞子	胞子	種子	種子
おもな生活場所	水中	陸上	陸上	陸上	陸上

身近な分類学：野菜

野菜には目的に応じたいろいろな分類の仕方があるが，なかでも私たちが日常，食事などで口にする利用部位による分類がもっとも身近であろう。たとえば，キュウリやスイカなど実の部分を食べる野菜は果菜類，コマツナ，ハクサイなど葉の部分を食べる野菜は葉菜類，ダイコン，ジャガイモなど根や茎の部分を食べる野菜は根菜類に分けられる（表9-2）。

表9-2 おもな野菜の園芸学的分類

分類	利用部位	おもな野菜
果菜類 (fruit vegetables)	果実	イチゴ，オクラ，カボチャ，キュウリ，シロウリ，スイカ，トウガラシ，トウガン，トマト，ナス，ニガウリ，ハヤトウリ，ピーマン，ヘチマ，メロン，ユウガオ
	種子	インゲンマメ，エダマメ，エンドウ，ササゲ，シカクマメ，スイートコーン，ソラマメ，フジマメ，ラッカセイ
葉菜類 (leaf vegetables)	葉	（結球）キャベツ，シャロット，タマネギ，トレビス，ニンニク，ハクサイ，メキャベツ，ユリネ，ラッキョウ，レタス
		（非結球）アサツキ，アシタバ，エンサイ，エンダイブ，オカヒジキ，カラシナ，キンサイ，クレソン，ケール，コマツナ，コリアンダー，シソ，シュンギク，ジュンサイ，スイゼンジナ，セリ，セロリ，タカナ，ターツァイ，チコリー，チンゲンサイ，ツルナ，ツルムラサキ，ニラ，ネギ，パセリ，ヒユナ，フキ，フダンソウ，ホウレンソウ，ミズナ，ミツバ，モロヘイヤ，リーキ，リーフレタス，ルッコラ，ワケギ
	花・花蕾	アーティチョーク，カイラン，カリフラワー，コウサイタイ，サイシン，ショクヨウギク，ナバナ，ブロッコリー，ミョウガ
	茎	アスパラガス，ウド，コールラビ，タケノコ
根菜類 (root vegetables)	直根	カブ，ゴボウ，ダイコン，テーブルビート，ニンジン，パースニップ，ホースラディッシュ，ルタバガ，ワサビ
	いも	サツマイモ（根），サトイモ（茎），ジャガイモ（茎），ショウガ（茎），ヤマノイモ（根），レンコン（茎）
山菜類		ウワバミソウ，ギボウシ，ギョウジャニンニク，ゼンマイ，ツクシ，モミジガサ，ワラビ
キノコ類		エノキタケ，エリンギ，キクラゲ，シイタケ，ナメコ，ヒラタケ，ホウキタケ，マイタケ，マッシュルーム，マツタケ
ハーブ類		オレガノ，カモミール，セージ，タイム，チャイブ，ディル，バジル，フェンネル，ミント，ラベンダー，ローズマリー

一方，分子遺伝学の手法が取り入れられ，近縁のものを一つのグループとみなして細かく階層に分けて分類する生物学的な分類方法がある。

植物・動物ともに，界，門，綱，目，科，属，種と，生物を統一的に階級分類する方法で，トマトを例とすると，植物界，被子植物門，双子葉植物綱，ナ

ス目，ナス科，ナス属，トマトとなる。なお，種名のトマトまでを植物分類学の範囲とし，桃太郎やアイコといった種名より下は園芸分野でいう品種となる（表9-3）。

表9-3 おもな野菜の植物学的分類

分類	おもな野菜
ウリ科	カボチャ，キュウリ，スイカ，シロウリ，トウガン，ニガウリ，ハヤトウリ，ヘチマ，ユウガオ
ナス科	ジャガイモ，トウガラシ，トマト，ナス，ピーマン，ショクヨウホオズキ
マメ科	インゲン，エダマメ，エンドウ，ササゲ，シカクマメ，ソラマメ，フジマメ，ラッカセイ
アブラナ科	カラシナ，カブ，カリフラワー，キャベツ，ケール，コマツナ，ダイコン，タカナ，チンゲンサイ，ハクサイ，ブロッコリー，ミズナ，ワサビ
キク科	アーティチョーク，エンダイブ，ゴボウ，シュンギク，ショクヨウギク，スイゼンジナ，チコリー，トレビス，フキ，リーフレタス，レタス
アカザ科	オカヒジキ，テーブルビート，フダンソウ，ホウキグサ，ホウレンソウ
セリ科	アシタバ，セリ，セロリ，ニンジン，パセリ，ミツバ
ユリ科	アサツキ，アスパラガス，シャロット，タマネギ，ニラ，ニンニク，ネギ，ユリネ，ラッキョウ，ワケギ
イネ科	スイートコーン，タケノコ
その他	バラ科（イチゴ），アオイ科（オクラ），ウコギ科（ウド），ショウガ科（ショウガ，ミョウガ），ヒルガオ科（サツマイモ，エンツァイ），ヤマノイモ科（ヤマノイモ），サトイモ科（サトイモ）

　この分類方法は生物学的な観点からだけでなく，農家や家庭菜園で野菜を育種する人にとっても大変有用である。たとえば同じ作物（トマト→トマト）や近縁の作物（トマト⇔ナス）を続けて同じ畑で栽培すると，連作による作物の生育の悪化や，収量減，病気や害虫の被害を受けやすくなる。この連作障害を避けるため，たとえば，ナス（ナス科）→カブ（アブラナ科）→ホウレンソウ（アカザ科）→ナス（ナス科）というように，異なる科の植物を輪作し，生産性が落ちないような計画的な栽培のために，植物学的分類は活用されている。

　また，近縁品種は活着するので，土壌病害虫に強いナス科植物の根とそれに続く茎の上に，トマトの芽を接ぎ木して，土壌病害虫に強いトマトの接ぎ木苗の育苗なども行われているが，これも近縁植物の知識を応用したものである。

　育種では，近縁の品種は交配しやすいため，小松菜（アブラナ科）とチンゲンサイ（アブラナ科）をかけ合わせた「べんり菜」，ライムギ（イネ科・ライムギ属）とコムギ（イネ科・コムギ属）をかけ合わせた「ライコムギ」のように，新しい品種育成の手がかりとして利用されている。

5　動物界の生物

(1) 分類の基準

動物は受精した卵子の分化（胚葉）の程度によって3つに大別され，胚葉の区別がつかない無胚葉性の動物（海綿動物），体の構造が内胚葉と外胚葉だけからできている二胚葉動物，成体の構造が内胚葉，外胚葉，中胚葉からなる三胚葉動物が分類の基準となる。

1) 無胚葉動物

多細胞動物の最低段階に位置し，もっとも原始的な側生動物中の唯一の門である。胚がそのまま成長し，組織を形成するための胚の分化をしていないため，口，消化器官，肛門や神経，筋肉はない。基本的な体の形状は壺状で，岩などの他物に着生している。海綿動物ともいう。

2) 二胚葉動物

胚葉が外胚葉と内胚葉に分化するため二胚葉動物と呼ばれる。外胚葉は体の表面や神経系に配置され，内胚葉は消化器官など体の内側に配置される。口から食物を摂取し，消化器官で消化・吸収して口から排出するため，肛門はない。イソギンチャクやクラゲ，サンゴなどが二胚葉動物に分類され刺胞動物ともいう。

3) 三胚葉動物

外胚葉，内胚葉に加え中胚葉をもつ動物を三胚葉動物という。中胚葉は筋肉や生殖器官，循環器官，排泄器官を構成する。口から肛門までが入り口と出口になるため，効率よく食物の処理ができることになる。また，三胚葉動物はさらに旧口動物と新口動物の2つに分類される。原腸胚のときの原口が成長により口になるのが旧口動物，原口が肛門になるのが新口動物である。

旧口動物に分類されるのは，プラナリアなどの扁形動物，貝類などの軟体動物，昆虫などの節足動物である。新口動物はウニなどの棘皮動物，ヒトや魚類などの脊椎動物が含まれる（図9-8）。

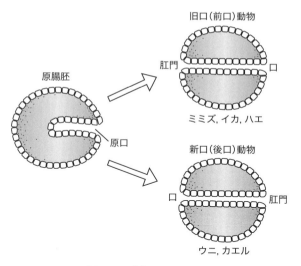

図9-8　動物の口のでき方

ダンゴムシは虫？

庭や公園の石，枯れ葉の下などの暗い湿った場所に生息するダンゴムシ。身の危険を感じると団子のように丸くなるため，子どもたちの格好の遊びになる身近な生き物である。

ダンゴムシの生物学的な分類は動物界／節足動物門／軟甲綱に属す。この軟甲綱に属する他の生き物はエビやカニになる。つまりダンゴムシは「ムシ」と名前に付くが生物学的にはエビやカニに近い存在で昆虫ではない。同じような事例でクモがいる。クモも一見昆虫のように思われるが，節足動物門／鋏角亜門／クモ綱に属し，サソリやカブトガニに近い。では当の昆虫はというと節足動物門／昆虫綱に属する。ダンゴムシもクモも昆虫も根本は同じ節足動物門から枝分かれしているが，身体的特徴はそれぞれ大きく異なる生き物である。ちなみに節足動物門は地球上の動物の8割以上を占める一大勢力として動物界に君臨している。

動物界	無胚葉性	二胚葉性	三胚葉性			
					原体腔	真体腔
	海綿動物（カイメン）	刺胞動物（イソギンチャク,クラゲ,サンゴ）	旧口動物	扁形動物（プラナリア,サナダムシ）ひも形動物（ヒモムシ）線形動物（センチュウ,カイチュウ）輪形動物（ツボワムシ）	軟体動物腹足類（サザエ）斧足類（アサリ）頭足類（タコ）環形動物（ミミズ,ゴカイ）	節足動物昆虫類（カブトムシ）甲殻類（エビ）クモ類（クモ,ダニ）多足類（ムカデ）
			新口動物	毛がく動物（ヤムシ）	棘皮動物（ウニ,ヒトデ）	脊索動物原索動物 頭索動物 （ナメクジウオ） 尾索動物 （ホヤ）脊椎動物（カエル,サル）

図9-9　動物界に含まれる生物（　　　は「門」を示す）

(2) 脊椎動物の分類

　動物の分類では門によっても細分化することができる。門を分類の基準にする場合，簡単な分類法として食物の摂取方法や消化管の違いが挙げられる。代表的な動物界の門は図9-9のとおりである。なかでも本項では我々ヒトも属する脊椎動物門に着目し，円口類，魚類，両生類，は虫類，鳥類，哺乳類について学んでいく。

1) 円口類
　姿形は魚類に似て水中生活をしている。口には顎がないため別名，無顎類ともいわれる。ヌタウナギやヤツメウナギなどが円口類に属す。

2) 魚類
　水中生活をしていて基本的にはエラによって呼吸するが，一部，肺呼吸を行う肺魚も存在する。サメなどの原始的な軟骨魚類と，マグロなど進化した硬骨魚類に分類される。

3) 両生類

幼生時は水中生活をしながらエラ呼吸によって育ち，変態を経て，成体では足が生え，肺呼吸となる。成体後にも尻尾が残るもの(サンショウウオなど)を有尾類，尻尾がなくなるもの(カエルなど)を無尾類という。

4) は虫類

肺呼吸をし，おもに陸上生活をするが，ウミガメ，ワニのように水中生活を行う場合もある。自ら体温を安定的に保つことができない変温動物の一種。ケラチン質の硬い表皮が外観的な特徴である。

5) 鳥類

全身が羽毛に覆われており，翼を持っている。軽量な骨格と強靭(きょうじん)な筋肉により大多数の鳥類は飛行することができる。自ら体温を一定に保つ恒温動物で，生息域も広範囲に及ぶ。

6) 哺乳類

基本的には体内受精の胎生で，子が生まれると授乳により育てる動物である。例外としてカモノハシのように卵生で子を産み，授乳により育てる哺乳類も存在する。また，カンガルーやコアラなど胎盤のない有袋類は未熟な胎児を出産し，体外の袋で子を育てる。生活域も陸上，水中，また飛行が可能な種も存在するなど，ひじょうに多くの下位分類群がある。

(3) 脊椎動物の体のつくりと進化

前項のとおり脊椎動物は生活域が広く，その生活域に適応した体に進化してきた。また行動範囲や運動スピード，運動の持続力なども体のつくりに大きく影響を及ぼしている。ここでは脊椎動物が長い年月で獲得した体のつくりを，いくつかの器官を例に学んでいく。

1) 肺

肺はイモリのような両生類では単純な風船のようなつくりになっているが，

は虫類になると肺内部のくびれが多くなり，哺乳類に至っては肺胞の形はひじょうに複雑になっている。

　肺はつくりが複雑になるほど，吸い込んだ空気に触れる肺の面積が大きくなり，結果として吸収効率がよくなる。酸素が大量に取り込めることで，筋肉を動かすスピードや持続力に大きな差異が生じてくることになる。

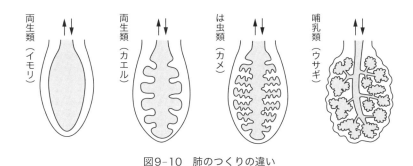

図9-10　肺のつくりの違い

2）心臓

　鳥類と哺乳類の心臓は2心房・2心室が明確に分かれ，酸素の多い血液と酸素の少ない血液が混ざり合うことなく血管へ循環させている。一方は虫類では心室の壁が途中で切れており，酸素の多い血液と酸素の少ない血液が少し混ざった状態で循環している。さらに両生類では心室に区切りがなく血液はすべて混ざった状態となっている。当然，酸素の多い血液は全身に送り出され，酸素の少ない血液は肺にのみ送られるのが，体内への酸素の供給という点で効率がよい。鳥類と哺乳類の運動能力の高さは，心臓の構造を見ても

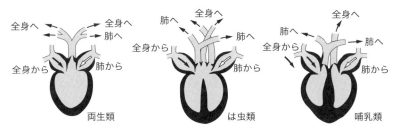

図9-11　心臓のつくりの違い

明らかである。

3) 脳

脳の重量がその動物の知能の優劣に直結することは想像にやさしい。しかし，実際はそれほど単純ではなく，体重に対して脳の重量が占める割合を考慮しなければならないことや，神経細胞の緻密さ，個体の生活環境によっても知能に影響が出てくる。参考までにヒトの場合は脳の体重比は約2.5％，イルカで約0.8％，リスで約4％，ハツカネズミでは8％近くとなっているが，このように知能と脳の体重比は必ずしも比例しないということがわかる。

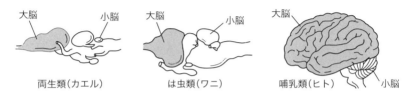

図9-12　脳のつくりの違い

4) 体温調整

脊椎動物は変温動物と恒温動物に分けられる。生活環境の温度に体温が影響を受け，活動に制限がかかってしまうのが変温動物で，一部例外的な種もいるが魚類，両生類，は虫類がそれにあたる。鳥類と哺乳類は体温を一定に保つことができ，いつでも安定した活動ができる恒温動物である。言い換えれば捕食者が餌を採る場合も，外敵から身を守る場合も，変温動物より恒温動物が有利になることが多い。

5) 子孫の残し方の違い

子孫の残し方は卵生と胎生があるが，基本的には哺乳類のみ胎生でほかは卵生である。卵生のなかでも魚類は数多くの卵を産み，ふつうは数千から数万個，マンボウは3億個もの卵を産むという。これが両生類，は虫類になる

と産卵数はかなり少なくなり，鳥類はさらに少ない。産卵数の違いはそのまま生存競争に生き残る確率と関係する。哺乳類でも胎児が母体内にいる時間が長ければ出産後に生き残る確率は高くなる（出産後に子はすぐに活動できる）ことから，出産数は少なくなる傾向にある。

6）脊椎動物の進化について

本項では脊椎動物の体のつくりの違いを類別に示してきたが，各器官の構造の違いはそのまま活動形態や環境に適合してきたことによるものである。適合は言い換えると進化であり，長い時間をかけ魚類から両生類，は虫類となり，鳥類，哺乳類へと枝分かれしてきて，それぞれの脳，心臓，肺，外見的特徴は独自に変化してきた。

また同じ類の中でも，食物の種類や摂取方法によって，各器官の構造や配置も変わっている。一方で，鳥類の翼，クジラの胸びれ，ヒトの前腕など，見かけは異なるが発生学上の起源が同じ器官（相同器官）を持っていたり，ヒトの犬歯，尾骨などのように，祖先では機能していた器官が機能を失ってしまったもの（痕跡器官）もあり，これらも総じて進化によるものと捉えることができる。

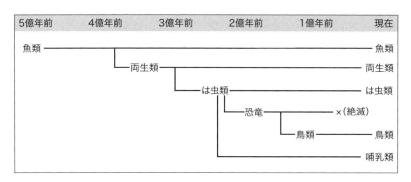

図9-13　脊椎動物の進化

> 確認問題

1　ウイルスが生物とはいえない理由を生物の定義を踏まえて説明しなさい。
2　植物が進化の過程で維管束，子房，種子を獲得したことによる利点をそれぞれ説明しなさい。
3　「虫」と呼ばれるバッタ，ダンゴムシ，ムカデを五界説による分類法を用いて，その3種の違いを説明しなさい。

より深く学習するための参考文献
・赤坂甲治監修『よくわかる生物基礎＋生物』学研，2014年
・岩瀬徹・大野啓一『野外観察ハンドブック　写真で見る植物用語』全国農村教育協会，2004年
・大場秀章監修，清水晶子『絵でわかる植物の世界』講談社，2004年
・門田裕一監修『小学館の図鑑NEO　植物』小学館，2002年
・検定外中学校理科教科書をつくる会『新しい科学の教科書——現代人のための中学理科　生物編』文一総合出版，2009年
・清水建美『図説植物用語事典』八坂書房，2001年
・田村隆明『大学1年生のなっとく！生物学』講談社，2014年
・松井孝編『生活と園芸——ガーデニング入門』玉川大学出版部，2004年
・山田常雄他編『岩波生物学辞典』岩波書店，1983年
・『野外観察図鑑1　昆虫』旺文社，1985年

第 **10** 章

植物のつくりとはたらき

　植物の体のつくりは驚くほど巧妙かつ，生きるための工夫や知恵に満ち溢れている。それは同じ生物でも動物と違い，植物が水と光だけで自ら栄養素を作り出すことに関係している。そのために植物は，根から水を吸収し，光を多く受け，光合成で作った栄養素を全身に効率よく行き渡らせるのに適した形へと，長い時間をかけ変化してきた。本章では植物が進化の過程で獲得してきたつくりとはたらきを中心に学んでいく。

キーワード

植物　双子葉植物　単子葉植物　シュート　維管束　葉腋　光合成　呼吸

1　植物の基本構造

基本的な植物の体のつくり

　植物の体は基本的に根・茎・葉からなっている。植物と動物は同じ生物であるが，植物の形は動物とはまったく異なり，それは動物と違って植物が水と光から，自ら食物を作り出すことができることに関係している。ほとんどの植物は一つの場所に留まって生活し，そのため地面にしっかり根を張り，空気中に茎や枝を伸ばし，その周りに葉を広げている。その形は扁平で光を受けやすくなるように，また重ならないよう葉の付き方にも工夫が見られる。このように植物の体のつくりを見るとき，植物が水や光，栄養を取り入れる

ため，そして子孫を残すために都合のよい形になっているといった視点で学ぶことが重要である。

植物学的には，植物の体は「栄養器官」と「生殖器官」に分かれ，栄養器官は成長に必要な基本的な器官である根や茎，葉であり，生殖器官は子孫を残すための器官で，コケ類やシダ類では胞子や胞子嚢であり，種子植物では果実や種子を作る花などで構成されている。

種子植物は種子から芽を出すが，はじめに出す葉を「子葉」と呼び，子葉よりも下の部分を「胚軸」という。子葉が2枚の植物を「双子葉植物」，1枚の植物を「単子葉植物」と呼び，花をつける高等植物（被子植物）の基本的な分類基準になっている。

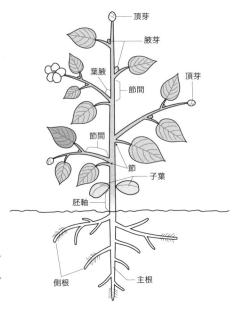

図10-1　植物の全体像
（双子葉植物のモデル図）

根はふつう地中にあり，双子葉植物では中心に太い根と，その周りに細かい根をつけるが，その付き方は下方に向かって中心から繰り返し枝分かれをしていく。

地上部もまた上方に向かって中心から「節」と節間の繰り返し構造になっている。節とは，茎に葉がついている部分のことをいい，節と節の間を「節間」と呼ぶ。後述する植物の体の基本単位である「シュート」は原則として節から出ている。

枝分かれした新しい茎は，葉の付け根の上側の「葉腋」という部分から出る。茎の先端の芽は「頂芽」，葉の付け根の葉腋から出る芽は「腋芽」と呼ぶ。

また花は，茎の先端や葉腋につくといった規則性がある。なお，芽は未発達の花，茎，葉を内部に含んだものをいう。

2　根のつくりとはたらき

（1）根の基本的なつくり

　根はふつう地下にあり、植物体を支え、光合成に必要な水や体を作るために必要な無機養分（窒素、リン酸など）を吸収し、それらを茎や葉へ送るための器官である。

　その構造は中心となる太い根の周りに細い根が出て、その周りにさらに細い根が出るといった規則性がある。この主軸にあたる根を「主根」、主根の側面から生じた細い根を「側根」と呼び、主根と側根からなる根を「直根」と呼ぶ。これが双子葉植物に見られる根のつくりである。

　一方、イネやトウモロコシの根のように地際から細い根を多数つける根を「ひげ根」と呼び、単子葉植物の根に見られる。主根は、もとは芽生えた種子の幼根から発達したものだが、ひげ根の場合、早いうちに主根の成長が止まり、茎の下端から細い根を多数つけるようになる。また根以外の部分から出る根を「不定根」と呼び、シバやツユクサなどの植物や樹上で生活するランなどは、茎の節からもひげ根を出す。しかし不定とはいっても根を出す場所は植物によって決まっており、茎の節や節間、葉柄などにつく。

　また「根毛」とは、若い根の先端近くに密生する毛で、根の表皮細胞の突起で、土壌粒子を捉えて根を安定させたり、表面積を大きくして水の吸収を高めるといった重要な役割を担っている。

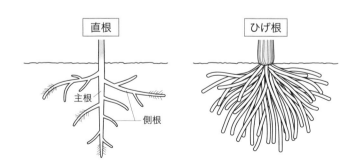

図10-2　植物の根の種類

(2) 根の内部構造

地中にある根は常に土をかき分け、伸長しながら成長している。その際、土の粒子との摩擦から根の分裂組織を保護するために根の先端には「根冠」と呼ばれる特殊な組織に覆われている。細胞分裂は根冠やその上の「伸長帯」と呼ばれる部分では行われず、さらにその上にある「頂端分裂組織」で新しい細胞が作られている。

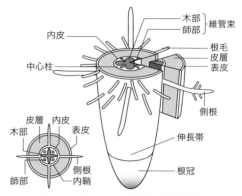

図10-3　双子葉植物の根の細部構造

また根の中心には「中心柱」と呼ばれる柱状の構造があり、水の通り道である「木部」と、糖などの栄養分の通り道である「師部」からなる「維管束」が見られる。単子葉植物で見られる中心柱にある維管束は、リング状に並び、その中心部に「髄」と呼ばれる柔らかい組織がある（図10-5）。一方、双子葉植物では、中心部に木部があるため髄が見られないといった構造上の違いがある。

双子葉植物の根にある木部の断面は、いくつかの放射状の突起からなるが、その突起の先端が皮層や表皮を突き抜けて側根となる。

表皮と中心柱の間には「皮層」と呼ばれる組織があり、大部分が細胞壁の薄い細胞からなる柔組織からなる。その細胞間は「細胞間隙」または「空気間隙」と呼ばれる隙間があり、この空気間隙を通じて、呼吸に必要な酸素や光合成に必要な二酸化炭素を葉だけでなく根からも取り入れ、また排出を行っている。また皮層のもっとも外側にある「外皮」は、細胞壁が厚い細胞層からなり、外界からの物質の侵入を制限するなど、根は物質の出入りを調節するはたらきもある。

3　茎のつくりとはたらき

(1) 茎とシュート

植物の体は茎とそのまわりにつく何枚かの葉が一つのまとまりをもってい

る。そのまとまりを「シュート」という。このシュートという言葉は聞き慣れないが，植物全体の形を形成するためには重要な要素である。茎についた葉から新しい茎が出ると，そのまわりに何枚かの葉をつけて，新しいシュートが形成される。このようにして植物の体は一つのシュートを繰り返し作りながら成長していく規則性があ

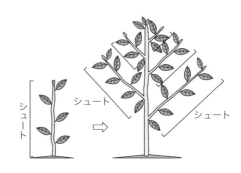

図10-4　シュート

り，植物の体を一つのシュートという単位で見ることが植物を理解する重要な概念となる。花や果実はこのシュートに付け加えられるようにして，植物全体を形成する。

（2）茎の内部構造

　茎は植物の体を支えるはたらきがあるほか，茎の中にある道管と師管は，水や養分の通り道となっている。内部構造は，根と同様，外側から表皮，皮層，中心柱に分けられ，中心柱には導管と師管からなる維管束と髄がある。
　維管束とは道管と師管の集まりを指し，双子葉植物は，維管束が輪状に並び，単子葉植物は，維管束が散在するという特徴の違いがある。

（3）単子葉植物と双子葉植物の違い

　被子植物は，子葉の数，葉脈の通り方，花葉数，維管束の特徴などによって，単子葉植物と双子葉植物に分けられる。子葉が1枚であることから単子葉類と呼ばれているなかまにはイネ，ネギなどがあり，葉脈は平行，花葉数は3枚，維管束は全体に散らばる特徴がある。一方，双子葉類は子葉が2枚，葉脈は網状で，花葉数は4〜5枚，維管束は茎の中心からほぼ等間隔に円を描くように並んでいる。ブナやバラなどがある。

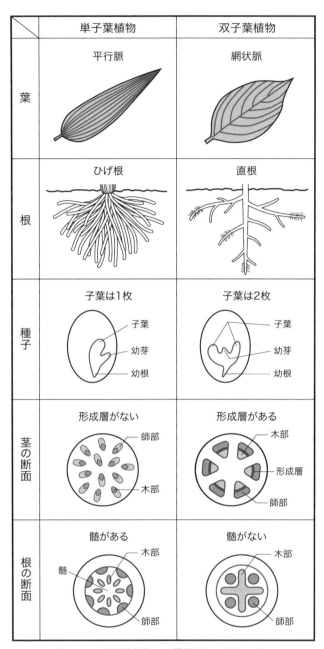

図10-5 単子葉植物と双子葉植物の構造の違い

4 葉のつくり

(1) 葉のつくりとはたらき

葉は一般的に葉身・葉柄・托葉からなり，葉柄や托葉がないものある。1枚の葉という場合，托葉まで含めて言っている。葉柄は茎につく部分で葉身を支え，葉身は葉柄の先につく緑色の平らな部分で，光合成や蒸散を行っている。葉腋は葉の付け根の部分で，多くの腋芽はここで生じ枝分かれする。

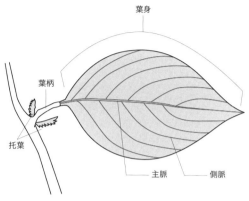

図10-6　葉の各部の名称

(2) 双子葉植物の葉序（葉のつき方）

葉は光合成の主要な場であり，たくさんの光を受けることが望ましい。陸

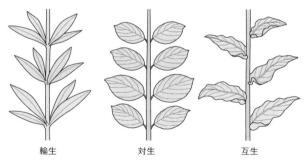

図10-7　葉の葉序（つき方）

> **コクサギ型葉序**
>
> 葉序には輪生，対生，互生があるが，例外としてコクサギ型葉序がある。コクサギやサルスベリの葉序は，2枚セットの互生になっている。これは対生から互生への変化（進化）の過程ではないかといわれている。

上植物は多数の葉に効率よく光が当たるように，一定の規則性をもって茎に対して配列しており，この配列様式のことを葉序といい，輪生，対生，互生などがある（図10-7）。輪生は茎の1カ所に3枚以上の葉がつく形で，対生は1カ所に2枚，互生は互い違いにつく葉の並びをいう。輪生から互生までの変化は，光を効率的に受ける形に変化（進化）したという説もある。

（3）単葉と複葉

葉にはさまざまな形態があり，葉身が1枚の単葉と複葉があり，複葉には，葉身が3枚の小葉からなる三出複葉，葉身が複数の小葉からなる羽状複葉などがある。腋芽のある位置から上を小葉が複数枚あっても1枚の葉とみなす。

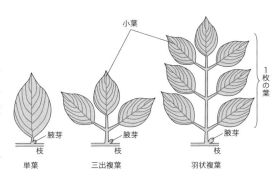

図10-8　単葉と複葉

（4）葉の内部構造

葉は表皮（クチクラ層）と下面表皮に覆われ，内部は棚状および海綿状組織がある。葉には主として裏の表皮に，2個の孔辺細胞に囲まれた気孔が散在する。気孔の孔辺細胞は葉緑体を含み，葉の水分含有量の増減に応じて気孔の開閉が起こる。これにより水蒸気を出す蒸散を調節する。葉の内部の水分が増えると，蒸散が盛んに起こり，葉の内部の水分が減ると蒸散はあまり行われない。気孔は通常，夜に閉じ，昼間は開いているが，高温で乾燥した地域には貴重な水を有効に利用するために，夜に気孔を開き，昼間は閉じて，乾燥を防ぐ植物もある。

蒸散が起こると植物の体内の水は減少するが，体内の水がある程度減少すると，根からの水や養分の吸収が増加し，それが全身に供給されるようになる。そのほか気孔のはたらきには，光合成や呼吸のために必要な酸素や二酸化炭素の出し入れがある。

5 花から種子へ

　花はふつう，外側から順に，がく，花弁，おしべ（葯と花糸からなる），めしべ（柱頭・花柱・子房からなる）がある。がくは花の保護器官であり，おしべの葯では花粉が作られる。めしべのもとが膨らんだ部分を子房といい，子房の中にある小さな粒を胚珠という。

　花弁は，いわゆる「花びら」のことで，昆虫などを引きよせるために，目立つ色と香りを持つ植物が多い。

　花が種子を作るためには，めしべにある柱頭に花粉がつく必要があり，柱頭に花粉がつくことを「受粉」という。受粉が行われると，花粉から花粉管が伸びて花柱のなかを進み，花粉管内の精細胞が卵細胞に達して受精が行われる。花粉は精細胞を2つ作り，一つは卵細胞と受精して胚珠を形成し，もう一つは2つの極核（中央細胞という場合がある）と受精して内乳（胚乳）となる。2カ所で受精が行われるため，重複受精と呼ぶ。受精が行われると子房が成長して果実となり，子房の中にある胚珠は種子になる。

　種子には，種の中に栄養分である胚乳を持っている有胚乳種子（カキ，イネなど）と，胚乳を持たない無胚乳種子（アサガオ，ダイズ，クリなど）がある。

　有胚乳種子は，種皮と，植物体になる胚（子葉・幼根・胚軸・幼芽からなる）と胚乳からなり，栄養は胚乳に蓄えられる。無胚乳種子は，種皮と胚と子葉からなり，栄養は子葉に蓄えられる。胚乳と子葉の養分は発芽に使われる。

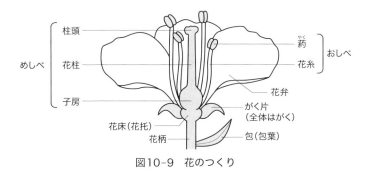

図10-9　花のつくり

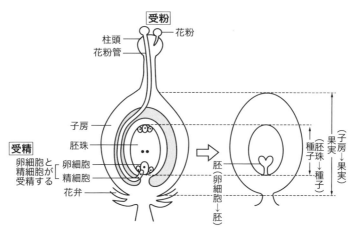

図10-10 被子植物の受精

合弁花と離弁花

双子葉類はさらに花びらの特徴によって，花びらがくっついている合弁花（アサガオ，カボチャ，タンポポ，ツツジなど）と，花びらが離れている離弁花（アブラナ，エンドウ，サクラ，ホウセンカなど）に分けることができる。

6 光合成と呼吸　植物の栄養

（1）光合成と呼吸

植物が生きていくために必要な養分は，根から吸収されるのと同時に，葉でも作られている。植物の葉は，太陽の光（エネルギー）を使って，土から吸収した水と空気中の二酸化炭素から，デンプンなどの栄養分と酸素を作る。これを光合成といい，植物の葉の細胞にある葉緑体という部分で行われる。動物の細胞には葉緑体は存在せず，光合成は植物のみが行うことが可能で，人間を含めた動物の生命活動のエネルギーの源となっている。

植物のように，二酸化炭素などの無機化合物だけを炭素源とし，また光をエネルギー源として，生育する生物を光（合成）独立栄養生物と呼ぶ（動物は従属栄養生物と呼ばれる）。

二酸化炭素＋水＋光エネルギー → 栄養分（デンプンなど）＋酸素
$6CO_2 + 12H_2O + 光エネルギー → C_6H_{12}O_6 + 6O_2 + 6H_2O$

　光合成は葉緑体のチラコイドと呼ばれる膜で行われる光化学反応と，葉緑体のストロマと呼ばれる場所で行われるカルビン・ベンソン回路の2段階で行われる。光化学反応はチラコイドの膜上にある4種類の膜タンパク質で行われ，それぞれ光化学系Ⅱ，電子伝達系，光化学系Ⅰ，ATP合成酵素の順に反応が起こり，エネルギー源であるNADPHおよびATPが生産される。
　カルビン・ベンソン回路では，光化学反応により生じたNADPHとATPを利用して，外界から取り入れた二酸化炭素をさらにいくつかの反応過程を経由して，化合させることで，有機物（糖）を作り出している。

$6CO_2$（二酸化炭素）$+ 12NADPH + 12H^+ + 18ATP$
$→ C_6H_{12}O_6$（ブドウ糖）$+ 6H_2O$（水）$+ 12NADP^+ + 18ADP + 18$リン酸

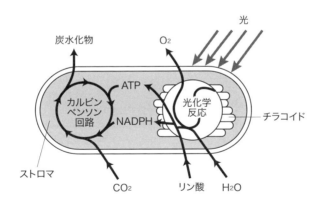

NADPH：CO₂還元物質
ATP：アデノシン三リン酸

図10-11　光合成の仕組み

(2) 呼吸

　生物が生きていくためのもっとも基本的な要件の一つはエネルギーの獲得である。植物も自分自身が生きていくために必要となる生体物質を合成するためにATPを消費するほか，細胞内環境の維持にもATPを必要とする。そのため，細胞内のミトコンドリアによる呼吸（酸素と糖からATPを生産し，二酸化炭素と水を排出する）を行う必要がある。

　光合成により葉緑体の内部でATPは生産されている。しかし，葉緑体の中にあるATPは葉緑体の外に出る機構が発達していないため，細胞質やオルガネラ，別の組織（根など）は直接これを利用することができない。一方ミトコンドリアは細胞質などにATPを供給するシステムが発達している。したがってミトコンドリアによる呼吸（ATP生産）は細胞を維持するうえで必須となっている。

　一方，植物は細胞内の葉緑体で光のエネルギーを吸収し，二酸化炭素と水から糖を合成し，酸素を吐き出す光合成を行っている。呼吸と光合成による酸素と二酸化炭素の収支を見ると，光が十分に当たっている状態で測定できる植物が発生する酸素の量は，光合成で発生する酸素の量から呼吸で消費する酸素を除いた量になる。また，測定できる植物が吸収する二酸化炭素の量は，光合成で吸収する二酸化炭素の量から，呼吸で発生する二酸化炭素を除いた量になる。

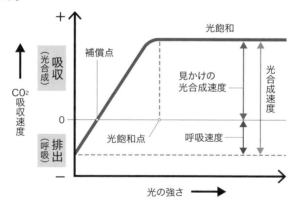

図10-12　光合成と呼吸

単位時間あたりに行われる呼吸量を呼吸速度と呼び，測定できる呼吸速度を見かけの光合成速度と呼ぶ。したがって，真の光合成速度は，見かけの光合成速度に呼吸速度を加えたものになる。

光合成速度は光の強さが増すにつれ大きくなる。しかし，ある一定の光の強さを超えると光合成速度は一定となる。この状態を光飽和といい，飽和した直後の光の強さのことを光飽和点という。

また呼吸速度と光合成速度が等しいとき，見かけ上では酸素も二酸化炭素も出し入れしていないように見える。このときの光の強さを補償点という（図10-12）。

確認問題

1　双子葉植物と単子葉植物を野外で探し，子葉の数，根の付き方，茎の断面，葉の葉脈の走り方の違いを観察し，その特徴をまとめなさい。
2　植物が生きるために必要な光を取り入れるために進化の過程で獲得した葉のつくりがある。2つ例を挙げてそのつくりの特徴とはたらきを説明しなさい。

より深く学習するための参考文献
・岩瀬徹・大野啓一『野外観察ハンドブック　写真で見る植物用語』全国農村教育協会，2004年
・大場秀章監修，清水晶子『絵でわかる植物の世界』講談社，2004年
・岡崎恵視・橋本健一・瀬戸口浩彰『花の観察学入門──葉から花への進化を探る』培風館，1999年
・門田裕一監修『小学館の図鑑NEO　植物』小学館，2002年
・検定外中学校理科教科書をつくる会『新しい科学の教科書──現代人のための中学理科　生物編』文一総合出版，2009年
・清水建美『図説植物用語事典』八坂書房，2001年
・山田常雄他編『岩波生物学辞典』岩波書店，1983年

第11章

動物の体のつくりとはたらき

　地球上には多種多様な生物が生息しているが，生物を大きく分けると動物と植物に分類できる。本章では動物と定義できる生物とはどういうものなのか。また動物が自らの生命をどのような栄養を摂取し維持しているか，それによって体のつくりとはたらきにどのような特徴があるかという点に着目し，私たち人間の体を例に学んでいく。

キーワード

動物　消化　吸収　消化酵素　排出　血液循環　体循環
肺循環　糸球体

1　動物の定義と分類

（1）動物は捕食する生物

　動物と植物を分類するにあたって，最大の違いはエネルギーの摂取方法にあるといえる。植物は葉緑体を持ち，光合成をすることによって自ら栄養素を作り出して生きている。それに対し動物は食べ物を求めて動き，捕食し，体内の消化器官によって栄養を吸収する。一部の動物のなかには動き回ることがない例外的なもの（海綿動物など）もあるが，動植物を分ける基本的な定義は上記のようになる。

（2）動物の食べ物／食べ物の成分と栄養素

　動物は摂取する食べ物によって3つに分類できる。他の動物を捕食する肉食動物，植物を摂取する草食動物，動物と植物の両方を摂取する雑食動物である。これらの動物は食べ物の違いにより，身体的特徴が形成されているが，

> **column　植物のような動物，動物のような植物**
>
> 　動物と植物の最大の違いはエネルギーの摂取方法であると先に説明したが，かつて微生物がミトコンドリアや葉緑体と共生し光合成生物へと進化してきたように，細胞内に共生している微生物によって物質を分解してエネルギーに変えて生きる動物，逆に植物なのに捕食をして体内に栄養を吸収する植物がいる。
>
>
> 図11-1　チューブワーム
>
> 　「植物みたいな動物」としてここで紹介するのは，深海に住む「チューブワーム（和名：ハオリムシ）」である（図11-1）。チューブワームは深海の熱水鉱床（熱水噴出孔）の周りに生息する，管のような形状をした動物だ。分類上，動物でありながらも口や消化器官，肛門などがなく，海中の硫化水素を魚のエラのような器官で体内に吸収し，細胞内に共生している微生物（硫黄酸化細菌）で分解しエネルギーに変えて生命を維持している。その生態は解明されていない点が多く，現在でも謎の動物として知られている。
>
>
> 図11-2　ハエトリグサ
>
> 　一方，「動物みたいな植物」として紹介するのは「食虫植物」である。代表的な食虫植物は「ウツボカズラ」や「ハエトリグサ（図11-2）」で，昆虫をにおいなどでおびき寄せ，分泌される消化液によって獲物を溶かして養分を吸収する姿は，まるで動物のようだ。一般的な植物のように光合成によってエネルギーを作り出すこともできるため，獲物を捕まえるのは足りない栄養を補給する必要があるからと考えられているが，わからないことも多い。種類によっては観賞用として手軽に入手できるものもあり，その生態を実際に観察することも可能である。

必要となる栄養素は、体温の維持や脳、神経に欠かせない栄養素である「炭水化物」、体を作る材料で内臓、筋肉、血液のもとになる「タンパク質」、体のエネルギー源となるほか、細胞膜やホルモンの材料となる「脂肪」である。これらの栄養素は動物の体を構成するのに必要な物質であるとともに、肉食、草食に限らず摂取する食べ物に共通して含まれている。

2　動物の体の仕組み

（1）消化と吸収の仕組みとはたらき

前節にあるように動物は生命を維持するために、自ら食べ物を摂取している。しかし、口に入れた食べ物そのままでは大きすぎて体に取り込み利用することはできない。食べ物から必要な栄養を取り入れ、体の各組織で利用するためには、胃や腸などの消化器官によって吸収しやすい状態に分解する「消化」という過程と、消化されたものが血液やリンパ液中に取り込まれる「吸収」という過程を必要とする。

口・咽頭・食道・胃・小腸・大腸・直腸・唾液腺・膵臓・肝臓などから構成される各臓器は消化器系と呼ばれ、

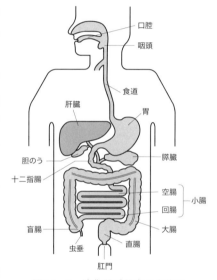

図11-3　消化器系器官の全体図

食べ物を消化吸収するする器官として働いている。また消化・吸収のための消化管は、口から肛門まで1本の管でつながっていて、長さは全長約9 m（＊人間の成人の場合）にもなり、大部分は腹腔内に存在する（図11-3）。

消化は、消化管の中で機械的な分解（咀しゃくやぜん動運動など）と、化学的な分解（消化酵素などによる）といったいくつもの工程を経て行われる。これらによって分解される栄養素は、炭水化物、タンパク質、脂肪であり、さらに炭水化物はブドウ糖、タンパク質はアミノ酸、脂肪はグリセリンと脂肪酸へ

と分解されることで，効率よく体内に吸収される。
　各消化器官の具体的な消化と吸収の仕組みは次のとおりである。

　1) 口
　口から取り入れた食べ物は，まず咀しゃくによって噛み砕かれ，唾液に含まれるアミラーゼという酵素によりデンプンを糖に分解する。ほかにリパーゼ，マルターゼといった消化酵素によって，消化が行われる。

　2) 咽頭・食道
　咽頭と胃をつなぐ消化管である食道は，ぜん動運動によって食べ物を胃へ送る。このぜん動運動は，逆立ちしたり寝転がっていても食べ物を胃へ送り込むことができる。また，咀しゃくされた食べ物が咽頭を通過するときには反射的に喉頭蓋軟骨が気管にふたをして，気道に食べ物が入らないように保護する。

　3) 胃
　胃に食べ物が入ると胃壁から塩酸・ペプシン・粘液などの胃液が分泌される。塩酸は食べたものを強酸性に保つことで殺菌し，また，カルシウムを水溶液にして小腸での吸収を助けるはたらきがある。またペプシンというタンパク質分解酵素はタンパク質をペプチドに変換し，どろどろした水溶性の分解産物に消化し，かゆ状になった食べ物は少しずつ十二指腸に送り込まれる。胃は食べ物が十二指腸へ出て空になると消化活動を停止する。粘液は胃液が胃自身を消化するのを防ぐ作用がある。

　4) 小腸
　小腸は長さ6メートルを超える筋肉の管で，消化管の約80%を占め，上から十二指腸，空腸，回腸の3つに区分される。また小腸は食べ物の消化・吸収の90%以上を担っている。十二指腸は，長さは約25 cm程度で，指を12本横に並べた長さであることから十二指腸と呼ばれる。胃から送られて来た食べ物は，肝臓からは胆嚢を経由して胆汁が，膵臓からは膵液が流れ込み，消

焼き肉から学ぶ動物の体

column

　家族や友人との楽しい食事として人気の高い「焼き肉」。焼き肉は牛・豚・鶏などの肉や内臓を食するため，生物の体について知るよい機会でもある。

　焼き肉で食される肉や内臓など各部位の名称には，たとえば「心臓」は英語で「ハート」であるが，焼き肉では「ハツ」と呼ぶのが一般的であるように，食肉特有のとても面白い名前や呼び方があるものも多い。名前の由来には諸説あるが，その名前が示す部位と由来をいくつか紹介する。

ミノ

　胃を4つもつ牛の第1胃のことで，切り開いた形が雨具の蓑傘に似ているのが由来といわれる。ほかにも牛は第2胃を「ハチノス（蜂の巣のような表面形状から）」，第3胃を東日本地域では「センマイ（内面にたくさんのヒダ（＝1000枚。本当に1000枚あるわけではない）があることから）」，第4胃を「ギアラ（偽腹から）」と呼んでいる。なお，第1，2，3胃は食道が変化したもので消化液の分泌はなく，第4胃が一般に「胃」と呼ばれる消化液＝胃液を分泌し消化する役割を持っている。

ザブトン

　肩ロースの上部に含まれる首に近い部分に位置するアバラの骨側にある肉。肉厚で座布団のような形であることが由来とされる。

マメ

　腎臓のこと。豚の腎臓の形が「そら豆」に似ていることから。

ハラミ

　横隔膜のあたりの肉のことで，「腹の身」が由来とされる。なお，しゃっくりは横隔膜のけいれんで起こる。

ネクタイ

　牛の食道の肉のこと。ネクタイのような形状が由来といわれる。

　ちなみに内臓の焼き肉は「ホルモン」と一般的に呼ばれているが，動物体内の組織や器官の活動を調節する生理的物質の総称である医学用語の「Hormon（ドイツ語）」が由来とされ，栄養豊富な内臓を食べるとスタミナがつくとして

名付けられたという説などがある。
　「焼き肉」を食べるときなど，ふだんの生活のなかで動物の体について考えてみる機会をもつことも大切である。

　　　　　　　　　　　　協力：農林水産大臣認可 事業協同組合 全国焼肉協会

化を助けている。

　胆汁に含まれる胆汁酸は界面活性剤として働き，脂肪を乳化して細かい粒に分解し，リパーゼと反応しやすくさせる。その結果，脂肪の吸収を促進する。膵液には5種類の酵素が含まれていてデンプン，タンパク質，脂質を分解し消化する。

　空腸と回腸は，長さは約6mで両者に明確な境界は存在しない。小腸壁には，絨毛（じゅうもう）と呼ばれる指状の突起が多数存在し，ビロードのようになっている。この絨毛を広げると小腸の表面積は600倍にもなり，吸収力を高めている。

5) 大腸

　大腸は腸管の太さと腸絨毛を欠く点で，小腸と区別される。細菌による食物繊維の発酵や，一部の栄養素の吸収と水分の90％は大腸で吸収が行われる。

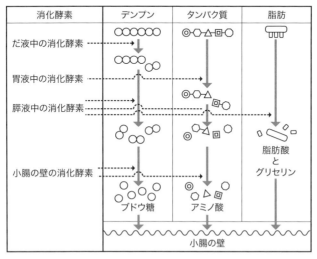

図11-4　消化と消化酵素

（2）排出の仕組み

　動物は食べ物を体に取り入れ，消化・吸収しているが，そのすべてが消化・吸収されるわけではなく，食べ物のかすや未消化のものが発生する。また細胞で代謝が行われると老廃物が発生する。これらは生命活動や生命維持に不要であり，また害になることもあるため体外に排出する必要がある。そのため体には老廃物を排出するための器官がある。各器官の排出の仕組みは次のとおりである。

1）肛門からの排泄

　食べ物のかすや，体中で消化吸収されなかった繊維分や古い腸壁などの老廃物，また腸内に存在する腸内細菌は，大腸で水分が吸収されたあと，便として肛門から排泄される。大腸は盲腸・結腸・直腸からなり，人間の成人で長さは約1.5m，表面には結腸ひもにより，縮められたくびれがある。便の約50％は食べ物のかすや胃や腸の剥がれた細胞，残りの50％が腸内細菌である。また便の量は食べたものに対して約10分の1であるが，繊維質が多く含まれる食品を摂取した場合，便の量は多くなる。

2）腎臓のはたらき

　腎臓は血液をろ過して尿を作る過程で，尿素や尿酸などの老廃物の排出や過剰の水分・電解質の排出，酸やアルカリを排出することによる体内のpHの調節を行っている。

　腎臓はそら豆の形をした臓器で，腰よりやや高い位置で腹腔の背中側に位置している。左右1つずつ合計2個存在し，長さは約12cm，1個の重さは約100g（＊人間の成人の場合）ある。

　腎臓は空洞になっていて，この空洞を取り囲む実質部分の内側を髄質，外側を皮質という。皮質の中には腎小体という球形の小体が100万～200万個点在し，腎小体は尿細管の末端が膨大したボーマン嚢と糸球体から成る。腎小体内部は空洞になっていて，その中にある糸球体で血液がろ過され，原尿が作られる。

　ボーマン嚢は糸球体を収納した構造をしており，ボーマン嚢からは1本の

管が出ており，これを尿細管という。尿細管は徐々に集合して，太い集合管となる。これが腎臓の最小機能単位であり，ネフロンという。

　左右それぞれの腎臓には，大動脈から枝分かれした腎動脈と呼ばれる血管を通じて血液が流れ込んでいる。腎動脈は徐々に細い動脈となり，もっとも細くなった部分を細動脈と呼ぶ。細動脈は糸球体という構造物を通り（ここで血液から原尿が分離される），各糸球体から複数の細静脈が集まって最終的には1本の太い腎静脈となる。腎臓に入った血液はこの腎静脈を通って出ていく。

3）肝臓のはたらき

　ヒトの肝臓は横隔膜のすぐ下にあり，右上腹部のほとんどを占め，重さは1000〜1200gになる。通常，臓器には動脈と静脈の2本の血管が出入りしているが，肝臓にはもう一つの血管（門脈）が出入りしており，体内の血液の4分の1が集まっている。

　肝臓は多くの役割を持っており，肝臓を構成する肝細胞一つひとつで500種類もの化学反応が同時に行われている。役割を大別すると代謝，解毒，胆汁の生成・分泌があるが，ここでは排泄に関連するいくつかの肝臓の機能を紹介する。

尿素の合成

　タンパク質の代謝により生成されたアンモニアは膜浸透性が高く，細胞内に容易に浸透し，pHを変化させる。この変化はさまざまな酵素反応を阻害し，恒常性（ホメオスタシス）に悪影響を与えるため生物にとって有害となる。

　水の豊富な環境に住む魚類や両生類の幼生の場合，代謝により生成したアンモニアは，えらや皮膚などから体の外にある水に移行し，そのままアンモニアとして体外に排出される。一方，陸上生活をするヒトを含む哺乳類は，肝臓でアンモニアをより害の少ない尿素に変換することで恒常性を保っている。作られた尿素は血液により腎臓に運ばれ，濃縮されて体外に尿として排出される。このように尿素が濃縮されることで排出に必要な水を抑え，陸上生物にとって貴重な水を節約している。

　このような肝臓や腎臓のはたらきである尿の生成と排出の獲得が生物を水

中から陸上へと進化させた一因とされている。

　尿素は次のように合成される。まず体中で作られたアンモニアは肝臓に集められる。その際，アンモニアは無毒なアミノ酸（グルタミンとアラニン）に形を変えて輸送される。肝細胞でアミノ酸はグルタミン酸に変えられ，酸化的脱アミノ化反応により，再びアンモニアになり，尿素回路に入って代謝され，尿素が合成される。

　アルコールの分解
　体内に取り入れられたアルコールの大部分は酸化により分解される。
　肝臓ではアルコールの一種であるエタノールの90％以上がアルコールデヒドロゲナーゼによって酸化され，アセトアルデヒドになる。これはさらにアルデヒドデヒドロゲナーゼにより酸化されて酢酸となる。そして酢酸の一部は，エネルギーの原料となる糖の生成に利用される。

　脂溶性毒物の解毒
　解毒とは，有害物質を水に溶けやすい形に変え，尿や胆汁の中に排泄するはたらきで，体外から入ってくる有害な物質だけでなく，体内で発生した毒

---

column　一生のうちに人間はどのくらい便を排泄するか？

　私たちは日々，食事から生命を維持するための栄養を摂取し，その残りかすや老廃物を便や尿として排泄しているが，人間は一生のうちにどのくらいの大便を排泄しているのだろうか。

　日本人の成人1人あたり1回の排便量は200ｇといわれており，仮に排便を1日1回，80年繰り返したとすると，食べる量や種類，また消化，吸収能力や排便回数などの個人差はあるものの，その量はおよそ5トン〜6トンと計算できる。

　大便は食べたものの量のおよそ10分の1ともいわれるが，中型トラック1台分もの大便を一生のうちにするということは，人がどれほど大量の食べ物を食べて生命を維持しているかがわかる。あなたは今日，何を食べて，どのくらいの量の大便をするのだろうか。

物のうち，水溶性のものは腎臓から排泄し，脂溶性のものは肝臓でいったん水溶性にし，腎臓から排泄される。

胆汁

　胆汁の成分であるビリルビンは，赤血球が古くなって壊れるときにできるもので，肝細胞で処理され，胆汁として排出される。また胆汁に含まれる胆汁酸も体に不要なコレステロールから作られている。

　胆汁は，体に不要な物質で作られたもので，体外へ排泄される過程で脂肪の消化・吸収に役立っている。

(3) 血液の循環

　1) 心臓のつくり

　体内を循環する血液は，全身の各器官や体組織に酸素や栄養分などを行き渡らせたり，不要となった二酸化炭素や老廃物を回収・排出するために絶え間なく流れているが，その血液を全身に送り続けるポンプの役割を果たしているのが心臓である(図11-5)。

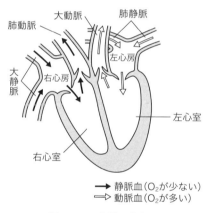

図11-5　心臓の仕組み

　心臓は筋肉でできた中空の器官で，人の握りこぶしよりやや大きく，重さは成人で約250〜300ｇで，胸部の中心(やや左より)に位置している。心臓は左右に分ける壁と上下に分ける弁によって右心房，右心室，左心房，左心室からなる4つの部屋に分かれており，律動的な収縮と弛緩を1日あたり約10万回繰り返すことで全身に血液を送っている。

　血液が確実に一方向のみに流れるよう，それぞれの心室には血液を取り込む弁と血液を送り出す弁があり，左心室の入り口には僧帽弁，出口には大動脈弁，右心室の入り口には三尖弁，出口には肺動脈弁がある。心臓が1日に送り出す血液量はおよそ7〜8トンで，ドラム缶35〜40本分にもなる。

心臓の心拍数や心筋収縮力の増加および興奮伝達は神経系の支配を受け、交感神経は促進性、副交感神経は抑制性に働く。

2) 血液循環

血液は心臓を中心にして体をめぐっているが、心臓から全身をめぐる体循環（大循環）と、心臓から肺をめぐる肺循環（小循環）の2つのルートがある。

体循環（大循環）は体内にある血管のうち、心臓から体の末端に血液を送る動脈系と、末端から心臓に向かって血液を送る静脈系からなる。動脈系は、左心室の大動脈口から始まる大動脈からさまざまな動脈に枝分かれし、最終的には毛細血管となって各組織に血液を運ぶ。一方、静脈系は毛細血管が再び合流して静脈となり、やがて大静脈となり、最終的には心臓の右心房につながる。この

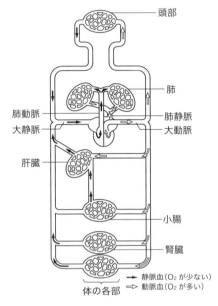

図11-6　血液循環

体循環で血液はおおよそ20秒で1周する。人は閉鎖血管系であるため、リンパ球など一部がリンパ液などとして組織間に浸出するが、赤血球と大部分の血漿は常に血管内を循環している。

一方、肺循環（小循環）は心臓→肺動脈→肺→肺静脈→心臓の一連の血液の流れで、おおよそ3〜4秒で1周する。心臓から肺に行く肺動脈内には、体循環の動脈と異なり二酸化炭素を多く含んだ静脈血が流れ、肺から心臓に向かう肺静脈内には、酸素を多く含む動脈血が流れている（図11-6）。

3) 血液の成分とはたらき

血液には運搬作用（酸素、糖質や脂質などの栄養物質、代謝産物、電解質、ホルモ

ンなど），内部環境の維持（排泄や体温の調節），生体防御作用（免疫体や白血球）などがある。血液のpHは弱アルカリ性（pH7.2〜7.4），比重はおよそ1.055〜1.066くらいで，血液はその45％が赤血球，白血球，血小板などの細胞成分であり，残り約55％は血清とフィブリノーゲン（線維素原）などの液体成分である血漿からなっている。血液の量は体重の7〜8％（成人の場合5〜6リットル）を占め，血液の3分の1以上が血管外へ流出してしまうと生命が危険となる。

赤血球

赤血球は血液量の約40％を占め，赤血球にはヘモグロビンというタンパク質が含まれている。ヘモグロビンは酸素分子と結合する性質を持ち，酸素を運搬する役割を担っている。赤血球は血色素中の酸素の量によって色の差が生じ，酸素と結合する動脈血は鮮紅色に，二酸化炭素と結合する静脈血は暗赤色となる。

血が赤くない動物がいる!?

　私たちがけがをしたときなどに流れる血液は赤い色をしている。しかし，動物の血液の色は必ずしも赤ではない。たとえば昆虫の血液（体液）は透明であるが，そのひみつはどこにあるのだろうか。

　血液が赤く見える理由は血液中の赤血球に含まれる色素タンパク質であるヘモグロビンによるものである。ヘモグロビンは鉄の成分を含むため，酸素と結合すると赤くなり，体内に酸素を運搬する役割を果たす。しかし，昆虫はヘモグロビンが存在しないため，透明に近い色に見える。

　昆虫の体には気門（きもん）と呼ばれる小さな穴が空いており，そこから伸びる気管という管を介して直接，体の中に酸素を送っている。また，体の中の二酸化炭素も気管を通って気門から体外へ排出されるため，ヘモグロビンがなくても体内に酸素を取り入れることができる。血液の色の違いにはヘモグロビンのような色素タンパク質の違いや，動物の体の構造の違いが大きくかかわっているのだ。

　昆虫以外にも血液が赤くない動物がいる。ぜひ，探してみてほしい。

白血球

白血球の数は赤血球600〜700個に対して1個の割合で存在する。白血球は体内に入った細菌や異物を処理し，体を守るはたらきをする。白血球には5つのタイプがあり，好中球，リンパ球，単球，好酸球，好塩基球がある。リンパ球には3つの種類があり，Tリンパ球とナチュラルキラー細胞はウイルス感染から体を守り，Bリンパ球は抗体を作る。

血小板

血小板は赤血球約20個に対して1個の割合で存在する。血液の凝固作用に関与していて，血栓を作って血管の損傷部分をふさぎ，同時に凝固を促す物質を放出するなどして，血液の凝固や止血の作用をする。

血漿

血漿の約90％は水で，血漿の中に赤血球，白血球，血小板が浮遊している。それ以外にはおもに血漿蛋白(アルブミンなど)が含まれている。血漿は組織や細胞へ水分を補給したり回収するといった水の貯蔵庫としてのはたらきや，熱の拡散を媒介することにより，体温を調節するなどのはたらきをする。

確認問題

1　飛行する鳥類，飛行しない鳥類の骨格重量の体重比を数例調べなさい。
2　ヒトの小腸の粘膜(細胞膜)は凹凸が多く，栄養を吸収できる面積をできるだけ広くしているが，その小腸の粘膜を広げると広さはどのくらいになるだろうか。実数値を調べ，次のうちでもっとも近いものを選びなさい。

　①畳6畳分　②テニスコート1面分　③サッカーグラウンド1面分

より深く学習するための参考文献
・赤坂甲治監修『よくわかる生物基礎＋生物』学研プラス，2014年
・阿部和厚監修『ジュニア学研の図鑑　人のからだ』学習研究社，2008年

・公益社団法人 日本食肉協議会　ホームページ
・坂井建雄監修『徹底図解　人体のからくり』宝島社，2008年
・検定外中学校理科教科書をつくる会『新しい科学の教科書——現代人のための中学理科　生物編』文一総合出版，2009年
・田村隆明『大学1年生の　なっとく！生物学』講談社，2014年
・山田常雄他編『岩波生物学辞典』岩波書店，1983年

第12章

地球と宇宙

　人々は，紀元前から空を眺めて太陽や月，星々を観測し，天体の動きの規則性を正確に測定することによって，科学の法則を明らかにしてきた。人類は宇宙に出かけるようになり丸い地球や月の裏側などの写真を見ることができるようになったが，なぜ月は落ちてこないのだろう，月がいろいろと形を変えるのはなぜだろう，など，現代の私たちも過去の科学者たちと同じ疑問を抱くだろう。

キーワード

満月　新月　月齢　天動説　地動説　天球　日周運動　南中
月食　日食　黄道　恒星　惑星　天の川　銀河系

1　地球に一番近い天体「月」

（1）月を眺めてみよう

　月は地球にもっとも近い天体であり，人類が到達したことのある唯一の天体でもある。月は地球の直径の30倍離れた位置にあり，その大きさは地球の約4分の1である。地球から見ると太陽と月はほぼ同じ大きさに見えるが，これは地球の約109倍の大きさの太陽が月の400倍も遠い距離にあるた

図12-1　満月
撮影）田中千尋

めである。月は地球のすぐそばで誕生したが，地球の潮の満ち引きの影響を受けて現在でも毎年3cmずつ地球から遠ざかっている。100億年後には地球の直径の43倍の位置まで離れる計算になる。

　月を望遠鏡や双眼鏡で観察してみよう。月の表面には，多数のクレーターや山や谷を見つけることができる。クレーターは，コップやお椀を示すギリシャ語である。

　ガリレオは1601年，自作の望遠鏡で月を眺めて多数のへこみがあることを発見し，これをクレーターと名付けた。彼は生涯に何十本もの望遠鏡を作ったといわれているが，最初の望遠鏡はレンズの口径26mm，倍率は14倍であった。ガリレオの望遠鏡は視野が狭く月全体が入らなかったが，現在市販されている双眼鏡は口径20～50mm，倍率8～12倍であるが視野が広く，ガリレオの望遠鏡と比べて格段に見やすくなっている。たとえば10倍の双眼鏡であれば，月を10分の1の距離（地球3つ分）まで近づいて観察できることになる。

　月を観察するには，太陽が真上から当たっている満月前後より，太陽の光が真横から当たって地形が長い影を落としている半月（上弦や下弦）前後のほうが適している。地球から見える月の表側には，クレーター以外にも海と呼ばれる黒い領域や明るく輝いている高地と呼ばれる部分を観察できる。この明暗の模様は日本では昔から「餅をついているウサギ」に見たてられてきた。そのほか，アメリカでは女の人の横顔，ヨーロッパではハサミが1つのカニ，アラビアではほえるライオンなど国によって別の見方をしていることは興味深い。

　月の裏側には大きな海はなく明暗の模様がほとんどない。しかし，月を眺めたときに見えるのはいつもウサギのいる表側で，裏側は地球から見ることはできない。月が満ち欠けしていくときも表面の模様はほとんど変わらない。なぜなら，月は地球に対していつも同じ面を向けているからである。つまり，月は地球を1周（公転）する間に，自分自身が1回自転しているのだ。

　月の形をよく調べてみると，図12-2の左の図のように，西洋梨のようなややいびつな形をしている。起き上がりこぼしを揺らしてもいつも重いほうを地面に向けて起き上がるように，月も少しだけ重い面を地球に向けたまま公転していると考えられている。

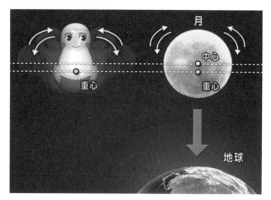

図12-2　月の重心　(JSTより)
出所）科学技術振興機構(JST)，理科ねっとわーく，月の重心，
http://rikanet2.jst.go.jp/，2016年1月3日確認

(2) 月の形と暦の関係

　月の大きな特徴は日によっていろいろな形に見えることである。見える形によって，満月，三日月，上弦の月などと呼ばれる。月は天球上で太陽の次に明るく白色に光って見えるが，月が明るく輝いているのは自分で光を出しているのではなく，表面に太陽の光が当たり，それが反射して見えているためである。この図で示すように形をいろいろ

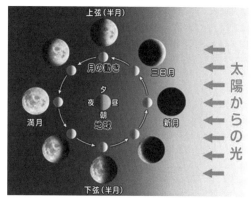

図12-3　月の満ち欠け
出所）科学技術振興機構(JST)，理科ねっとわーく，
地球・太陽・月の位置関係と月の満ち欠け，
http://rikanet2.jst.go.jp/，2016年1月3日確認

と変えるのは，地球から見て光が当たっている場所が変化するためである。
　月が地球を挟んで太陽の反対側に来たとき月は「満月」になる。逆に地球から見て月にまったく光が当たっていないときを「新月」という。月の満ち欠けは，29.5日の周期で繰り返されている。新月のときを基準にして，経過した日数を**月齢**といい，新月のときは月齢がおおよそ0日，満月がおおよそ

14日頃になる。月齢29.5日で次の新月になり，再び月齢は0に戻る。

日本でも江戸時代まで使われていた太陰暦では，月の満ち欠けの周期を暦の上での「1カ**月**」とし暦の基本周期としていた。月の満ち欠けを12回ほど繰り返すと季節が一回りして1年が終わり，この考え方は現在の太陽暦でも生かされている。また，新月から3日目の細い月を三日月と呼んだり，満月の夜を十五夜（新月から数えて15日後の夜）と言ったり，暦と月の形のかかわりは深い。

2　地動説と天動説

(1) 空が動くのか，大地が動くのか

人間は宇宙の姿について，古代から多くの想像をめぐらせてきた。2世紀にエジプトで活動したギリシャ人のプトレマイオスは**天動説**の考え方をまとめた。その後，地球を中心に惑星が回っているとする天動説はキリスト教の教えと結びついて長い間ヨーロッパ社会の中心的な世界観となった。

16世紀半ばにポーランドのコペルニクス(1473-1543)は，**地動説**を唱えたがすぐには社会に受け入れられず，キリスト教会から禁止された。その後，ケプラー(1571-1630)が，地動説に基づいて惑星の軌道が楕円であるとするケプラーの法則を発見したり，ガリレオが観測によって地動説を支持したりした。

17世紀後半に，ニュートンが質量を持つ物体が互いに引き合うという万有引力の法則を発見すると，地動説が正しいことが明らかとなった。

---

column　国際宇宙ステーションを見よう

　世界の15カ国が協力して1998年に建設が始まった国際宇宙ステーション(International Space Station = ISS)には，日米，ロシアなど各国の宇宙飛行士が常に滞在して，宇宙の真空や無重力を利用した観察や実験などを行っている。約90分で地球を1周するISSは，条件がよければ肉眼で観察することができる。夕方や明け方の夜空に1等星以上の明るさで見えるので探してみよう。どの方角にいつ見えるかという情報はJAXAのホームページに掲載されている。

その後の400年で，人類の宇宙に対する知識は急速に深まっている。現在では，地球だけでなく太陽も銀河系も動いていること，宇宙は不変ではなく膨張していることなどが明らかになっている。

（2）太陽を西から昇らせることはできるのか
　地球から太陽や星を観察すると，大空という丸い天井にくっついて動くように見える。この丸い天井を天球と呼ぶ。
　日本から観察すると，季節によって変化はあるもののほぼ東から昇ってくる。そして時間が経つにつれて次第に天球上を右上に昇ってくる。お昼ごろに南の空に移動した太陽は，夕方に向けて西に向かって動き，やがて西の地平線に沈んでいく。
　夜になって観察できる星々も，昼の太陽の動きと同じような動きをしている。東の空に見える星座は，時間が経つとともに南の空の高いところまで移動し，また南の空に見えた星座は西の空へと沈む。一方，北の空の星たちは，北極星をほぼ中心として，反時計回りに回っているように見える。

図12-4　星の動き（日周運動）
撮影）田中千尋

月も基本的には星座を形づくる星と同じように，東から昇って西に沈んでいく。つまり，空全体が東から西へ1日に1回転しているのである。このような見かけの動きを「**日周運動**」と呼んでいる。

　この日周運動は，空そのものが回転しているのではなく，我々の住む地球が北極と南極を結ぶ軸（地軸）を中心として，1日でほぼ1回転する自転運動が原因となって起こる見かけの現象である。観察している人間が地球上の1点にいて，地球とともに西から東へ回っていくため，見かけ上星や太陽や月が東から西へと動いていくように見えている。

　それでは，南半球で観察すると太陽は西から昇るだろうか。南半球でもやはり太陽は東から昇り，西に沈む。北半球との違いは，昇った太陽が地平線に対して左上へ，つまり北側へと移動することである。そして，太陽は真昼でも頭の真上より北を通り，西の地平線に近づくにつれて左下方向に向かって沈んでいく。日本では理想的な家屋は南向きとされている。つまり建物の南面に大きな窓が作ってある。そうすることで太陽の光を家の中に取り入れ，住まいを明るく暖かくする生活の知恵である。ところが，太陽が北の空を動いていくオーストラリア南部では，家屋の向きも日本とは逆向きに建てられ，大きな窓は北向きになっている。

　残念ながら地球上から観察して太陽が西から昇るように見える場所はない。それでは，飛行機に乗ればどうだろう。地球の自転速度より速く移動できれば，太陽に追いつき，沈んだ太陽を再び昇らせることができるのではないか。とはいえ，飛行機の速度はおおよそ時速900kmである。地球の自転速度は赤道付近で時速1700kmであるため，ジェット機のスピードでは追いつくことはできない。

　しかし，赤道から極付近に近づいていくと地球を一回りするための距離は短くなっていくため，太陽の見かけのスピードも遅くなる。たとえばアラスカやシベリアなど北緯57度付近の上空では太陽の見た目のスピードは約900kmとなり，これよりも高い緯度を飛行すれば太陽よりも速く移動することが可能である。

　もっとも，緯度が高い地域は夏には太陽が一日じゅう沈まない白夜が起こったり，冬には太陽がまったく顔を出さないようになったりする。日の出や

日の入りを見るためには秋や春である必要があるだろう。以上のような条件がそろえば、太陽が西から昇ったり、いったん沈んだ夕日がもう一度昇るという現象も起こりうるのである。

(3) 正午はいつも12時か

天体が子午線を通過することを**南中**といい、その時刻を南中時刻という。また、そのときの高度を**南中高度**という。太陽が南中するときがその地点での正午である。

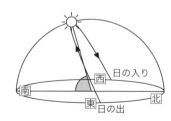

図12-5　南中

それでは、南中時刻はいつも12時になるのであろうか。図12-6は日本標準時の正午（12時）に太陽がどこにあったかを、日本の標準時を決めている明石市と東京で記録したものである。東京での観察の結果を見ていると、12時に真南に太陽がくることは1年を

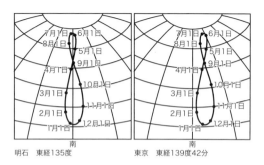

図12-6　正午の太陽（明石と東京）
出所）　AstroArts（アストロアーツ），天文の基礎知識，http://www.astroarts.co.jp/alacarte/kiso/kiso01-j.shtml より作成

通して一度もない。これは標準時を決める明石市が東経135度に位置するのに対して、東京は経度にすると約4～5度東に位置しているためである。したがって、東京の12時の太陽は真南よりも西に見えることになる。

明石市での太陽の動きを見てみよう。日本の標準時を決める明石市でも12時に太陽が真南にくるのは年にわずか4回である。年間を通した太陽の動きは、東京都と同じように8の字を描いている。その理由の一つは、地球が太陽の周りを回る公転軌道が円ではなく楕円であるためである。地球が円の軌道を回っているのであれば、1回転する時間は毎日等しくなる。ところが、楕円軌道を回っているため、太陽が南中してから次の南中までの時間がいつも等しく24時間にはならない。つまり、本当の太陽の動きを基準にすれば、1

日の時間が日によって違ってくるのである。そこで，天の赤道上を一定の速度で移動する太陽を仮想し平均太陽と呼んでいる。したがって，この平均太陽が南中してから，次に南中するまでの時間は季節を問わず常に一定となる。これを平均太陽日と呼び，平均太陽日をもとに決められた時刻を平均太陽時として利用している。このため，標準時間を決める明石市であっても12時に太陽が真南にあるとは限らないのである。

(4) 夏はなぜ暑いのか

地球と太陽の距離は，年間を通してほとんど変わらない。それでは，夏は暑く冬は寒いのはどうしてだろうか。

夏の太陽は，太陽は早く昇り，遅い時間に沈んでいく。夏は日照時間が長いために，冬より暖かい。太陽が出ている時間の差は，太陽が天球上を移動する通り道が夏と冬では違うことから生じる。6月の夏至の正午には，東京で南中高度は78度となりほぼ真上から地上を照らし，逆に

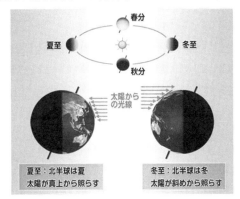

図12-7　夏と冬の太陽
出所）科学技術振興機構（JST），理科ねっとわーく，地球の公転の動き，http://rikanet2.jst.go.jp/，2016年1月3日確認

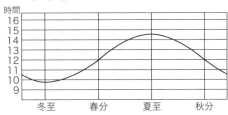

図12-8　季節と昼の長さ

---

column　太陽に一番近づくのは1月

地球は楕円軌道上を公転している。したがって，太陽と地球の距離は年間を通して少し変化する。現在は地球が太陽に一番近づくのは1月で，その距離は1億4700万kmである。逆にもっとも距離が遠くなるのは7月で，その距離は1億5200万kmとなる。太陽から一番遠いときは，受ける熱が6％ほど少なくなるが，地軸の傾きによる季節変化の影響のほうがはるかに大きい。

冬至の正午には32度と斜めから地上を照らす。光は真上から照らすと強く，斜めから照らすと光の当たる範囲が広がって弱くなる。

　太陽の通り道が，季節によって違うのは，地球が地軸を23.4度傾けたまま公転をしているためである。

　北極では，夏は太陽が沈まず白夜となり，冬は太陽が昇らない。また，赤道直下では，地軸の傾きの影響が少なく，太陽は一年を通してほぼ真上から当たり，昼の長さもさほど変化しない。

（5）日食が毎月起こらないのはなぜか

　月が地球を挟んで太陽の正反対の位置に来たとき，地球の影が月に映って**月食**が起きる。

　一方，地球から見て太陽と月が重なって見えるときに**日食**が起きる。太陽が月よりも400倍遠くにあるが，太陽の大きさが月の大きさの400倍という偶然によって，地球から見ると太陽と月はほぼ同じ大きさに見える。月が太陽と重なり，完全に太陽を隠すときに皆既日食が起き，完全に隠せないで太陽がリング状になるときが金環日食である。

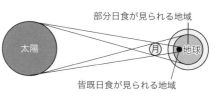

図12-9　日食が起きる仕組み

　太陽→月→地球の順番に並ぶ位置関係になるのは毎月1回あるが，日食は毎月起こるわけではない。図12-10のように地球の公転面に対して月の公転面が約6°傾いているた

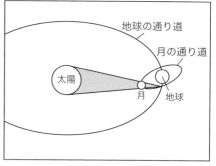

図12-10　日食が毎月起こらないわけ

めである。このため太陽に対して月と地球が一直線上に並ばず，図のように月の本影(ほんえい)が地球上に落ちないときのほうが多くなる。少しでも地球に本影が落ちれば，その地点では皆既日食が見られる。

　地球以外の他の太陽系の惑星も公転軌道は円に近い楕円で，ほぼ太陽を中

心としている。公転の向きはどの惑星も同じ向きで、公転面もほぼ同一面上にそろっているため、地球から見ると月も含めた惑星たちが同じような通り道を通って日周運動をしているように見える。

(6) 黄道12星座と季節の星座

地球は、1年をかけて太陽の周りを公転している。地球から見た太陽の方向は毎日変わっていく。つまり、太陽の後ろにある星座が変わっていく。このように1年かけて太陽がゆっくりと星座の間を移動する道を黄道という。

この黄道上には、みずがめ座、うお座、おひつじ座、おうし座、ふたご座、かに座、しし座、おとめ座、てんびん座、さそり座、いて座、やぎ座の12個の星座が並んでいて、これらの星座を黄道12星座と呼んでいる。実際には、へびつかい座の一部も黄道にかぶっているが、黄道12星座には含まれていない。

これらの星座は「黄道12宮」と呼ばれて星占いにも使われているので、おなじみの星座であろう。星占いの星座は、その人が生まれたときに太陽が位置していた星座といわれることがあるが、実際にそうはなっていない。黄道12星座の大きさは星座によってまちまちである。そこで太陽が1カ月に1つの星座を移動するように春分点を基準として黄道を12等分して12宮とした。また、星占いの長い歴史の間には、地球はぶれながら回転するコマのように地軸の向きを変化させている。この運動を歳差運動と呼ぶが、それに合わせ

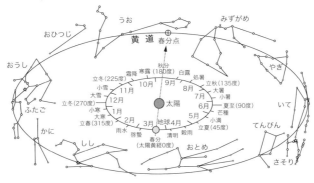

図12-11　星座の中を移動する太陽

出所）AstroArts（アストロアーツ），秋の星空を楽しもう，http://www.astroarts.co.jp/special/2006autumn/various-j.shtml より作成

て春分点の位置も次第にずれてきている。その差は現在では星座およそ1つ分となっている。つまり「○○座生まれ」の人の誕生日に，太陽は実際にはその隣の星座にいることのほうが多い。また，生まれたときに夜空に輝く星座は天球上で逆にある星座である。たとえばおとめ座は秋生まれの人の星座であるが，おとめ座がよく見えるのは春である。

(7) 恒星と惑星は何が違うのか

　夜空に輝く星のほとんどは，恒星である。**恒星**はその中心で核融合反応を起こし，大量の熱と光を放出しながら自ら輝いている。「恒に位置が変わらない星」という意味から名付けられた恒星は，互いに星座を形づくり，規則正しく空をめぐる。一方，金星，火星，木星，土星などの**惑星**が恒星よりも明るく見えることもある。これらの惑星は太陽の光を反射して光っている。地球から見ると，恒星の間を移動して見えるため「惑う星」惑星と名付けられた。

　星の明るさを表す等級は，今から2000年以上前にもっとも明るく見える20個あまりの星を1等星とし，肉眼でかろうじて見える一番暗い星を6等星としたことがもとになっている。その後，星の等級が1等級違うごとに約2.5倍違うことがわかった。そこで，5等級の差を100倍の明るさと定義して，よ

オリオン座を観測しよう

　冬空には，オリオン座を観測することができる。星を観察してスケッチすると，見え方によって次の4段階に分けることができる。

　　1　一番明るい星
　　2　次に明るい数個の星
　　3　2より暗いがはっきり見える星
　　4　かすかに見える星
　それぞれ何等級くらいか調べてみよう。

図12-12　オリオン座
出所）科学技術振興機構（JST），理科ねっとわーく，オリオン座2，http://rikanet2.jst.go.jp/，2016年1月3日確認

り明るい星や暗い星の等級も決められている。地球からもっとも明るく見える太陽の見かけの等級は約−27等級である。

太陽を除くと全天で一番明るい恒星は，おおいぬ座のシリウスである。シリウスは8.6光年の距離にあり，全天で10番目に近い恒星である。

(8) 天の川銀河とは何か

夏の夜空を見ていると，はくちょう座のある天頂付近から南の地平線に向かって淡い雲のように**天の川**が流れているのを観察できる。とくにさそり座といて座周辺の天の川は他に比べてひときわ明るく，川幅もかなり広くなっている。

この天の川の正体は何だろうか。天球上で天の川を追いかけていくと，全天をぐるっと一回りしていることがわかる。実は，天の川は我々の銀河系に属する多くの星々である。銀河系は直径12万光年の「薄い」円盤をその内部から横に見た形になっている。幅広く見えるいて座周辺は銀河系の中心方向になる。そして，恒星の数や幅は中心方向から離れるにしたがって少なく狭くなっているのである。

図12-13は銀河系を俯瞰したモデルである。宇宙にはたくさんの銀河があるが，地球や太陽系がある我々の**銀河系**は別名「天の川銀河」とも呼ばれている。銀河系は他の銀河よりずっと大きく，明るく，密集した銀河である。

銀河系はアンドロメダ大銀河のように渦巻き状の構造をしている。その大きさは約10万光年，その中には約2000億個もの恒星が含まれている。銀河系の中心には「いて座A^* (Sgr A^*)」という名のブラックホールがあり，それを中心に回っている。太陽は，中心ブラックホールから2万7000光年離れた位置にあり，2億3000万年の周期で回転している。ブラックホールから1光年以内の領域には，その引力にがっちりつかまれた星が10万個以上ひしめいている。そのような星たちの軌道の観察から，いて座A^*の質量は太陽の400

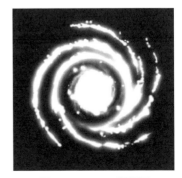

図12-13　天の川銀河

万倍であることがわかっている。

　銀河系のような巨大銀河となると，鉄や酸素，ケイ素，マグネシウムといった，ヘリウムより重い元素（重元素）を作り出し，銀河内にとどめておく力がある。それら重元素は地球型惑星の基本成分であり，私たち生命にとっても不可欠な存在である。その証拠に私たちは酸素を吸っているし，骨にはカルシウムが，血液には鉄が含まれている。

　銀河の大きさが小さいと，このような生命の原料は星の爆発に伴って宇宙空間へ放出されて失われてしまう。しかし銀河系では星間ガスや塵にぶつかったり，巨大な重力場にも引き止められたりする。そして減速した重元素が星間雲の成分となり，次の世代の星や惑星を作る源となる。46億年前，太陽や地球が星間雲から誕生したときもそのような経緯をたどってきたのである。

確認問題

1　観測する位置を決めて，一日の太陽の動きと月の動きを観測し，「東から昇り南の高い空を通って西に沈む」ということを確かめなさい。
2　星座早見表などの情報を入手し，夜空に見える星座とその中にある明るい星を探しなさい。
3　月を観測し，そのときの形をスケッチしなさい。できれば1カ月観測を続け，新聞やインターネットで月齢を調べながら，観測結果と比べなさい。

より深く学習するための参考文献
・石渡正志・滝川洋二『発展コラム式 中学理科の教科書 第2分野（生物・地球・宇宙）』講談社，2008年
・梶田隆章『ニュートリノで探る宇宙と素粒子』平凡社，2015年
・サイモン・シン『宇宙創成　上，下』青木薫訳，新潮文庫，2009年
・ニール・F・カミンズ『もしも月がなかったら──ありえたかもしれない地球への10の旅』竹内均監修，増田まもる訳，東京書籍，1999年
・沼澤茂美・脇屋奈々代『星座の事典──全88星座とそこに浮かぶ美しい天体　オールカラー版』ナツメ社，2007年
・藤井旭『藤井旭の天文年鑑──スターウォッチング完全ガイド2016年版』誠文堂新光社，2016

年
・藤井旭『新四季の星座——見つけ方と楽しみ方』主婦の友社，2011年
・マイケル・ライト『フル・ムーン』檜垣嗣子訳，新潮社，1999年
・科学雑誌Newton「Newton宇宙の果てをめぐる最新宇宙論」株式会社ニュートンプレス，2013年

第13章

地球とその変動

　2011年3月に起きた東日本大震災では，マグニチュード9.0の大きな揺れとその後の大きな津波が多くの人々の生活を一変させた。日本は地震国と呼ばれ，これまでにも1923年の関東大震災，1995年の阪神淡路大震災，2007年の新潟県中越沖地震など，各地で大きな地震が起きている。地震のメカニズムや地殻のはたらきを学び，地震や噴火の知識を高めて災害に備えるだけでなく，我々が生きていく地球の歴史への関心を高めてほしい。

キーワード

堆積岩　火成岩　変成岩　鉱物　浸食　運搬　堆積　化石
地殻　プレート　プレートテクトニクス　活断層

1　岩石と地層

（1）砂粒を観察してみよう

　何種類かの砂を観察してみよう。一様に見えた砂にも種類の異なった形や色の砂粒が含まれていることに気づくであろう。砂粒が生まれるいきさつも，砂を作る物質もさまざまであるが，同じ川や海岸から採集した砂は生い立ちや化学的組成が似通った砂粒が大半を占めている。砂を観察してみると，そこには砂が岩石からどのように作られ，削られ，そして堆積したのかというドラマを見ることができる。

　砂の中に含まれる透明の粒は石英という鉱物である。石英の砂粒の多くは

堆積岩が削れてできたものであり、地球上の砂粒の半分程度は「風化・浸食→堆積→地上への露出→風化・浸食」の過程を6回くらい経験している。

　海岸に堆積する砂の色は、海の色も決めている。沖縄のエメラルドグリーンの海はサンゴなどの破片が砂となったものである。また、サンゴや貝殻ほどではないが、石英が多く堆積したゴールドコースト（オーストラリア）などの海も鮮やかな色に見える。逆に、ハワイの海岸は（砂を輸入した海岸でなければ）玄武岩の砂で覆われているため、海は濃い青色をしている。

図13-1　砂粒
出所）ウィキペディア、https://ja.wikipedia.org/wiki/砂、2015年12月15日確認
撮影）あおもりくま

　砂は種類によって比重や磁性が異なっている。軽いものから重いものまで並べるとおおむね「貝殻・サンゴの破片→白色の鉱物→黒色の鉱物→鉄鉱物」という順になる。比重が小さいものほど水の影響を受けやすいが、一定の水の力が作用する条件下では、比重の小さい粒子と大きい粒子が共存できる。このために、砂の試料を採取すると淡色の大きな粒子と黒色の小さな粒子が混じっているのが通常である。試料をふるいにかけてみると白く粗い粒子と黒く細かい粒子からなっていることがよくわかる。

　磁性についても「貝殻・サンゴの破片→白色の鉱物→黒色の鉱物→鉄鉱物」という順に強くなる。この性質を利用して、磁石を使って砂の粒子を選別・分離することが可能である。さまざまな粒子からなる砂に磁石を近づけると、まず磁性の強い粒子が飛びつくように磁石につく。さらに近づけると中磁性体が磁石にへばりつくようにつく。そして、磁性の弱い粒子はまったく磁石にくっつかない。したがって、砂鉄を取るために砂に磁石をつけても、砂の中に含まれる鉱物の種類によっては、何もつかないこともある。

（2）岩石にはどんな種類があるか

　岩石は大きく分けて、**堆積岩**、**火成岩**、**変成岩**に分類することができる。

堆積岩

堆積岩とは，水中で（主として海中，まれに湖や河川敷などのこともある）砂や泥などが堆積したものが，長い時間をかけて押し固められて岩石になったものである。かつては，火成岩に対して水成岩と呼ばれたこともある。

堆積岩は堆積物の種類によって分類される。まず，堆積した砕せつ物の粒の大きさによって大きく3種類に区分される。直径が2mm以上の粒があればれき岩，2mm〜1/16mmの粒子でできていれば砂岩，それ以下の大きさの粒の岩石であれば泥岩と呼んでいる。1/16mmはおおよそ小麦粉の粒の大きさと同じである。

次に，火山噴出物が堆積してできた岩石を凝灰岩と呼ぶ。地球上の火山は日本など特定の地域に集中してあるため，凝灰岩などの分布も限定されている。さらに，化学的な沈殿物が堆積した岩石に石灰岩やチャートがある。石灰岩は炭酸カルシウムを多く含む貝殻やサンゴ，有孔虫の殻などが堆積してできる。貝殻や石灰岩（石灰石）に塩酸をかけると二酸化炭素が発生するのは，ともに成分が炭酸カルシウムであるためである。チャートは二酸化ケイ素（SiO_2）を多く含む放散虫の殻などが堆積してできる。

火成岩

火成岩は，マグマが冷え固まってできた岩石である。火成岩のうち，地上もしくは比較的浅い地下などでマグマが急に冷えて固まった岩石を火山岩と呼ぶ。また，地下深い所などでゆっくりと固まった岩石を深成岩という。

でき方の違いによって，火山岩と深成岩はつくりも異なっている。火山岩は，地下深くで結晶が大きな粒に成長した「斑晶」という部分と，地表付近でできた「石基」という部分からなる斑状組織を作っている。一方，深成岩には石基がなく大型の鉱物が集まった等粒状組織をしている。深成岩は緻密で硬いことから，日本では古くから石材として使用されている。とくに石英や長石を多く含む白っぽい花崗岩は，御影石とも呼ばれ墓石や建築資材として利用されている。国会議事堂の外装はすべて日本国産の花崗岩でできている。

変成岩

変成岩は，もともと堆積岩や火成岩であったものが，高温や高圧などの条件にさらされて，鉱物の組み合わせや組織が変化したものである。

石材でおなじみの大理石は，堆積岩の石灰岩がマグマの熱を受けて再結晶したものである。熱や圧力の影響を受けて化石や構造など，石灰岩ができたときの内部構造はほとんど残っていない。

火成岩	堆積岩	変成岩
花崗岩・流紋岩	れき岩・砂岩・泥岩	結晶片岩
閃緑岩・安山岩	凝灰岩	片麻岩
斑れい岩・玄武岩	石灰岩	ホルンフェルス
かんらん岩　など	チャート　など	結晶質石灰岩　など

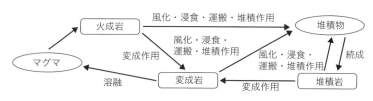

図13-2　岩石の種類とそのでき方

ダイヤモンドと変成

ダイヤモンドと鉛筆の芯の材料にもなる黒鉛（グラファイトとも呼ばれる）は，ともに炭素原子だけからなる鉱物である。両者の違いは炭素原子の結晶の違いである。図13-3はダイヤモンドと黒鉛が作られるときの温度と圧力の関係を示している。図から，ダイヤモンドは黒鉛よりも高圧の条件下で形成されたことがわかる。

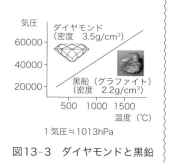

1気圧≒1013hPa

図13-3　ダイヤモンドと黒鉛

（3）岩石はどんな物質でできているのか

岩石を作る最小単位を**鉱物**という。自然界には約4600種類の鉱物があるが，通常の火成岩を構成している鉱物は合わせて10種類程度にすぎない。つまり，数種類の鉱物が寄り集まって岩石を形づくっている。

鉱物にはケイ素と酸素が多く含まれている。中心にケイ素原子，正四面体の各頂点に酸素原子が配置されたケイ素酸素（SiO$_4$）四面体が規則正しくつながり合って鉱物ができあがっている。さらに，四面体のつながり合い方の違いや，隣り合う四面体の隙間に鉄やマグネシウムなどの原子が入り込み，さまざまな種類の鉱物となる。

図13-4　ケイ素酸素四面体

火成岩のもとになるマグマの成分も，ケイ素と酸素が中心である。マグマの粘り気は，マグマに含まれるケイ素の量によって決まっている。ケイ素を含む割合が多いマグマは，粘り気が大きく，冷えると白っぽい火成岩（流紋岩や花崗岩）になる。逆に，ケイ素を含む割合が少ないマグマは，粘り気が小さ

---

column　地球はどんな元素でできているか？

元素とは，原子の種類のことで，たとえば水を作っている元素は水素と酸素である。現在，自然界で確認されている元素は100種類程度である。地球はどんな元素でできているのか見てみよう。

1位の鉄は，地球の核を作るおもな元素である。2位と4位には鉱物を作る主な元素である酸素とケイ素がランクインしている。地球の酸素の多くは，大気中ではなく岩石を構成する元素として地中に多く存在している。3位のマグネシウムは，マントルの岩石を作るおもな鉱物であるかんらん石に多く含まれる。

表13-1　地球を作る元素の質量比

順位	元素	質量比
①	鉄	35%
②	酸素	28%
③	マグネシウム	17%
④	ケイ素	13%
	その他の元素	7%程度

く，冷えると黒っぽい火成岩（玄武岩やはんれい岩）になる。

このようなマグマの性質の違いは，火山噴火の激しさや火山の形，作られる火成岩の種類などを多様にする原因の一つとなっている。

2　地球の内部

（1）地層はどのように作られたのか

　地層を作る材料となるれき・砂・泥は，大地に降った雨水や流水によって地表の岩石が削られてできあがる。このはたらきを**浸食**という。浸食によって削り取られた土砂は，川によって下流へ**運搬**される。そして，土砂は河口など川の勢いが弱まり運搬するだけの力がなくなると，水底に平らに**堆積**する。とくに大雨のときは川の流水の浸食や運搬の能力が大きく，多くの土砂が流されて堆積することになる。地層は長い年月をかけて堆積すると考えがちであるが，このようにできる地層の場合にはわずかな時間で堆積が行われる。長い年月の間には何度も大量の土砂が流れ込み層が積み重なっていく。また，同時に押し固められると土砂は硬い岩石へと変化していく。

　地層が私たちの目に触れるためには，何らかの理由で堆積した水中から陸上に出てくる必要がある。理由の一つとして，地殻変動によって地層が隆起したり，しゅう曲作用を受けたりしたことが考えられる。ヒマラヤ山脈は，かつて海底にあった堆積層がプレートの衝突によって何千メートルもの高さにまで押し上げられたと考えられている。その運動が始まったのは今から約2億年前であり，その運動は現在においても継続している。

　地層が陸上で観察できるもう一つの理由として，海水面の下降が考えられる。たとえば，関東平野のような平野では，海岸から離れて川の上流まで平野が広がっている。このような平野は，かつては今よりも海水面が高く海岸がその付近まで達していたことの証拠である。海水面が再び下がり，浅瀬に溜まった大量の土砂が平野となった。海水面が上がったり下がったりするのは，地球の気温の変化によって極付近の氷の量が減ったり増えたりすることによって生じる。2万年前，地球上は最後の氷河期の最中であった。高緯度の地方や標高の高い地域で氷河が発達し，もともと海にあった水が氷河とし

て陸地にため込まれ、海水量が減って海水面が低下した。最盛期には現在より100m以上も海水面が下がったといわれている。ところが6000年前になると、今度は気候が温暖化し、氷河が溶けて海水面は急激に上昇した。縄文時代の日本では海岸線はかなり内陸部まで進入し、台地のふちまで迫っていた（縄文海進）。日本の平野は、この時期に形成されたものが多い。

（2）化石はどのようにしてできるのか

　化石とは、動物や植物の遺骸または生活の痕跡が自然界に保存されたものである。化石の多くは、動物や植物の殻、骨、葉、木質部など硬い部分が多く、皮膚などの軟らかい部分は化石になりにくい。化石によっては、元のままほとんど変化していないものもあるが、元の物質が鉱物と置き換わったものもある。恐竜の骨の化石が白色でないのもそのためである。また、タールや木の樹脂であるコハク、さらには氷の中に保存された動物や植物の遺骸も化石である。足跡巣穴なども化石になる。

　一般的に動物や植物が死ぬとすぐに腐敗、分解が始まる。殻、骨、歯、植物の木質部などの硬い部分は、軟らかい部分よりも長く保たれるが、風や水の流れ、動物によってばらばらに運ばれることが多い。したがって、それらが分解しないうちに地中に埋もれなければ

図13-5　化石ができるまで
イラスト）田中千尋

ばならない。つまり、堆積当時に洪水などで土砂と一緒に流されるなどの条件が整わなければ化石となることはできない。化石を調べることで地層が堆積した当時のさまざま状況を知ることができる。現在生存する生物は、それぞれの生息環境に適した特徴をもつものが繁栄している。たとえば、サンゴは熱帯から亜熱帯の浅い海に生息している。化石の中に見られる過去の生物と現在の生物を比較することで、当時の環境を推測するのに有効な化石を示

相化石という。

　ある生物がごく短い期間に広い範囲で栄えたとき，世界の各地で特定の時代の地層に限って同じ化石が産出する。このような化石は，地層の詳しい時代を決めたり，遠く離れた地域に分布する地層の時代を比べるときに大変有効である。このような化石を示準化石という。三葉虫やアンモナイトは示準化石の代表的なものである。

　すでに絶滅している過去の生物の化石を調べることで，生物の進化の道筋が明らかになる。約46億年にわたる地球の歴史は，岩石ができた年代，地層の層序，そして化石からわかる生物の変遷によって，表のように区分されている。

表13-2　地質時代と生物の変遷

地質時代			年代（年前）	示準化石など
顕生代	新生代	第四紀	165万	被子植物の繁栄
		新第三紀	2300万	哺乳類の発展
		古第三期	6500万	
	中生代	白亜紀	2億4500万	
		ジュラ紀		最初の鳥類
		三畳紀（トリアス紀）		最初の恐竜，哺乳類
	古生代	二畳紀（ペルム紀）	5億4000万	
		石炭紀		最初の両生類，昆虫類
		デボン紀		最初の陸上生物
		シルル紀		
		オルドビス紀		最初の魚類
		カンブリア紀		海中の貝類，サンゴ
先カンブリア時代	原生代		25億	光合成で酸素ができる
	始生代		40億	
	冥王代		46億	地球の誕生

（3）地球の中身はどうなっているのか

　地球の構造はしばしば卵に例えられる。卵の殻にあたる部分を**地殻**，白身

にあたる部分をマントル，黄身にあたる部分を核と呼んでいる。地殻・マントル・核という区分はそれぞれを構成する岩石の種類に基づいて行われたものである。地殻はさらに，おもに花崗岩質岩石と玄武岩質岩石からできている大陸地殻と，おもに玄武岩質岩石からできている海洋地殻に分けられる。

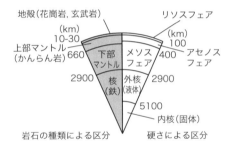

図13-6　地球内部の構造

大陸地殻と海洋地殻は，構成する岩石が異なるだけではなく，厚さも異なる。大陸地殻の厚さは30〜60kmであるが，海洋地殻の厚さは5〜10km程度で大陸地殻の半分以下である。

地球の内部はどのようにして調べることができるか？

　クロアチアの地震学者であるモホロビチッチ（1857-1936）は，地震がどれだけの時間で距離の異なる各地に届くかを詳細に計測して，地震波の速さを調べた。その結果，震源から遠いにもかかわらず，近いところよりも早く地震波が到達する地点があることがわかった。

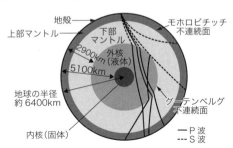

図13-7　地球の内部を調べる

　モホロビチッチは，地下に地震波の伝わる速さが速い岩石層があると考えた。震源近くでは地震波は浅い岩石層を通ってそのまま到達するが，震源から遠く離れた場合，地下深くの別の岩石層を通った地震波が早く到着する。モホロビチッチが発見した地殻とマントルの境界はモホロビチッチ不連続面（モホ面）と呼ばれている。

　その後，さらに地球規模で地震波の伝わり方が研究され，地震学者のベノー・グーテンベルグ（1889-1960）によって，マントルと核の境界であるグーテンベルグ不連続面が明らかになった。

構成する内部構造を分ける方法として岩石の種類による区分以外に，硬さによる分け方がある。地球の岩石圏を岩石の硬さで区分するとき，硬い表層を「リソスフェア」と呼ぶ。このリソスフェアの層が，「プレート」であり，厚さはおよそ100kmである。

リソスフェアの下の軟らかい岩石層を「アセノスフェア」と呼んでいる。アセノスフェアは深さ100～400kmの岩石層である。アセノスフェアの下にはマントルの比較的硬い層である「メソスフェア」がある。地震で発生する横波は液体中は伝播しないことから，この層までは固体でできていることがわかっている。

核も硬さによって2つに分けられる。外核は液体の鉄とニッケルからなる液体であるが，内核はおもに固体の鉄とニッケルからできていると考えられている。

(4) プレートテクトニクスとは何か

地球を覆う表面はいくつにもひび割れている。そのひび割れで分けられた一つひとつを**プレート**という。プレートは大小さまざまだが，いずれも独自

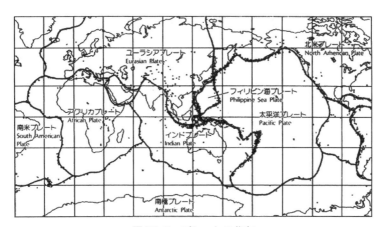

図13-8　プレートの分布
＊1988～1991年，マグニチュード5以上，100kmより浅い地震
＊気象庁資料により作成
出所）内閣府，平成13年版防災白書，図1-1-2，http://www.bousai.go.jp/kaigirep/hakusho/h13/index.htm，2016年1月3日確認

の運動をして,プレート同士がぶつかったり分かれたりすることで地震や火山活動などの現象が生じている。このように,さまざまな地球の活動をプレートの運動から説明する考え方を**プレートテクトニクス**という。

　地球の表面を覆う十数枚のプレートは,年間数cmの速さでそれぞれが移動している。そのため,プレートの境界ではさまざまな地殻変動を見ることができる。

　海の底にある大山脈,海嶺では,新しいプレートが生産され互いに離れていく。たとえば,大西洋中央海嶺では,新しくできたプレートが東西に移動しており,大西洋は次第に広がっている。

　大陸プレートと海洋プレートの境界では,海底に深さ1万kmにも及ぶ海溝が見られる。海溝では,互いのプレートが近づき,一方が他方に沈み込んでいる。海溝の陸側では,日本列島のような島弧やアンデス山脈のような大

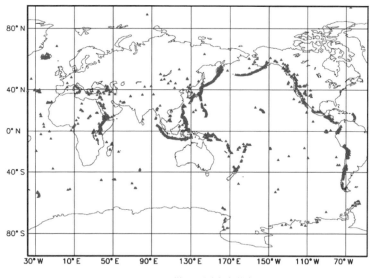

図13-9　世界の活火山分布
＊火山は過去概ね1万年間に活動のあったもの
＊スミソニアン自然史博物館(アメリカ)のGlobal Volcanism Programによる火山データをもとに,気象庁において作成
出所)　内閣府,防災情報のページ,わが国の火山災害対策,世界の火山,http://www.bousai.go.jp/kazan/taisaku/index.html,2016年1月3日確認

陸縁に現れる陸弧（山脈）ができる。また，大陸プレート同士が近づく場所ではどちらのプレートも沈み込まず，互いが衝突しヒマラヤ山脈のような大山脈が形成される。

　日本は4枚のプレートの境界の上に位置しているため，火山や地震などの地殻変動の影響を強く受けている。

（5）マグマはどこで発生するのか

　日本列島にも110もの活火山があり，現在も噴煙を上げる火山が少なくない。世界全体を見ると，地球上の火山は約1500ある。その多くは特定の地域に集中し，帯状に連なって火山帯を作っている。それらの多くはプレートの境界に分布するが，ハワイの火山のようにプレート内部に分布する火山もある。

　太平洋のハワイ島の地下には，プルームというごく細い上昇流がマントルから湧き上がっている。上昇するプルームによって生じたマグマは，プレートを貫通して海底に噴出する。ハワイ島では流れやすい玄武岩質溶岩が海底から何重にも積み重なり，海底からの高さが8000ｍにも達する巨大な火山が形成されている。このようにマグマが定常的に供給される場所をホットスポットと呼ぶ。太平洋プレートは絶えず動いており，プレート上に次々と島が作られるため，ハワイ諸島の島々は生まれた年代順にきれいに並んでいる。

　火山が特定の場所にしか存在しないことは，地球内部のごく限られた地域の地下でしかマグマは作られないことを意味する。地球上でマグマが作られている地域は，大きく分けて次の3種類である。

　①プレートが互いに離れている地域
　　（海嶺）
　②プレートが沈み込んでいる地域（海溝）
　③プルームが上昇している地域
　　（ホットスポット）

　このうち①と②では，プレート運動が関

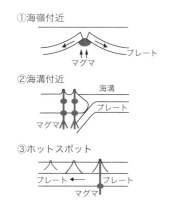

図13-10　火山ができる3つの場所

係してマントルが融解し，マグマが作られていると考えられている。

(6) 地震はどのようにして起こるのか

図13-8と図13-11を見るとわかるように，世界全体を見ると地震はプレートの境界付近で多く発生している。とくに震源が100kmより深い深発地震は，境界付近でも限られた部分で発生する。たとえば，日本付近のように大陸プレートと海洋プレートが接して，プレートが収束していく境界に限定されている。

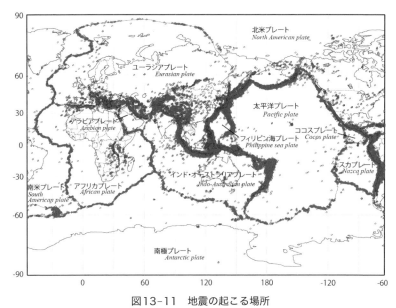

図13-11　地震の起こる場所
出所）気象庁，地震発生のしくみ，http://www.data.jma.go.jp/svd/eqev/data/jishin/about_eq.html，2016年1月3日確認

図13-12は典型的なプレートの沈み込み境界である東北地方の断面図での震源分布を示している。深発地震は海溝から斜めに沈み込む海洋プレートに沿って，深さ700kmまで続いている。

海溝沿いの地域では，沈み込む海洋プレートに引きずり込まれて歪んだ大陸プレートが，急に反発して元に戻り地震が発生している。このような地震

を海溝型地震と呼ぶ。プレートの沈み込みが続く限り，同じような地震が繰り返し発生するので，大地震がある程度周期的(数十から百数十年ごと)に起こる。1923年の関東大震災，1944年の東南海地震，1946年の南海地震，2011年の東北地方太平洋沖地震などは海溝型地震であり，今後も同じような地域で繰り返し発生する可能性が高いと考えられている。

図13-12　東北地方の東西断面での震源分布
　　　　（東北大学のデータによる）
出所）　防災科学技術研究所，地震の基礎知識とその観測，第1部地震の基礎知識，図4.12, http://www.hinet.bosai.go.jp/about_earthquake/part1.html, 2016年1月3日確認

　震源分布の断面図（図13-12）を見ると，深発地震とは別に地殻の浅いところでも地震が発生していることがわかる。このような地震をプレート内地震と呼ぶ。プレート内地震は，海洋プレートの沈み込みにともなって，押された大陸プレートの中の岩盤が破壊されて地震が発生したものである。プレート内地震のうち，日本列島の地殻内などで起きる地震は内陸地震とも呼ばれている。このような内陸地震は地殻の中の断層が繰り返して活動して発生する場合が多く，

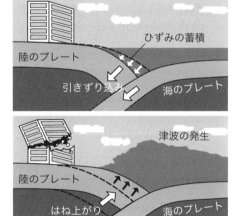

図13-13　海溝型地震
出所）　地震調査研究推進本部，パンフレット「地震を知ろう」2014, p.5より作成

その周期は数百万年〜数万年程度と海溝型地震と比べて長い傾向がある。最近数十万年間に繰り返し活動した証拠がある断層で，今後も活動する可能性が高い断層を**活断層**と呼んでいる。

　内陸地震では規模の小さいものが多いが，直下で地震が発生した場合，小さな地震でも海溝型地震よりも大きな被害が出る場合がある。1995年の兵庫

県南部地震はこの例である。

> 確認問題

1　地球上の岩石はどのようにできたのかをまとめなさい。
2　日本付近にはどんなプレートが集まっているか。また，そのことによって日本ではどんな地殻変動が起こっているのかまとめなさい。

より深く学習するための参考文献
・石渡正志・滝川洋二『発展コラム式　中学理科の教科書　第2分野』講談社，2008年
・マイケル・ウェランド『「砂」文明と自然』林裕美子訳，築地書館，2011年
・平朝彦『地球のダイナミックス』岩波書店，2001年
・巽好幸『いちばんやさしい地球変動の話』河出書房新社，2011年
・西村祐二郎他編『基礎地球科学　第2版』朝倉書店，2010年
・吉川弘之他『未来へひろがるサイエンス1』啓林館，2012年

第14章

天気と気象

　天気は，私たちの日常生活だけでなく，さまざまな産業にも大きな影響がある。日本は季節による天気の特徴が顕著で，「春一番」や「木枯らし」「台風一過」など気象に関する用語も多い。現在は気象衛星やシミュレーションなどによって，気象現象のメカニズムが明らかになっている。地球表面をとりまく大気中に含まれる水分の状態や動きを学び，実際に空を眺めながら天気と気象の学習を進めていこう。

キーワード

　　気象　対流圏　成層圏　露点　飽和水蒸気量　偏西風　台風

1　大気と気象現象

(1)「茶わんの湯」

　まず，最初に戦前の日本の有名な物理学者，寺田寅彦の書いた随筆「茶わんの湯」を紹介しよう。

　　ここに茶わんが一つあります。中には熱い湯がいっぱいはいっております。ただそれだけではなんのおもしろみもなく不思議もないようですが，よく気をつけて見ていると，だんだんにいろいろの微細なことが目につき，さまざまの

図14-1　寺田寅彦

疑問が起こって来るはずです。ただ一ぱいのこの湯でも,自然の現象を観察し研究することの好きな人には,なかなかおもしろい見物(みもの)です。

　第一に,湯の面からは白い湯げが立っています。これはいうまでもなく,熱い水蒸気が冷えて,小さな滴になったのが無数に群がっているので,ちょうど雲や霧と同じようなものです。この茶わんを,縁側の日向(ひなた)へ持ち出して,日光を湯げにあて,向こう側に黒い布でもおいてすかして見ると,滴の,粒の大きいのはちらちらと目に見えます。場合により,粒があまり大きくないときには,日光にすかして見ると,湯げの中に,虹(にじ)のような,赤や青の色がついています。これは白い薄雲が月にかかったときに見えるのと似たようなものです。この色についてはお話しすることがどっさりありますが,それはまたいつか別のときにしましょう。

　すべて全く透明なガス体の蒸気が滴になる際には,必ず何かその滴の心(しん)になるものがあって,そのまわりに蒸気が凝ってくっつくので,もしそういう心がなかったら,霧は容易にできないということが学者の研究でわかって来ました。その心(しん)になるものは通例,顕微鏡でも見えないほどの,非常に細かい塵(ちり)のようなものです,空気中にはそれが自然にたくさん浮遊しているのです。空中に浮かんでいた雲が消えてしまった跡には,今言った塵のようなものばかりが残っていて,飛行機などで横からすかして見ると,ちょうど煙が広がっているように見えるそうです。

　茶わんから上がる湯げをよく見ると,湯が熱いかぬるいかが,おおよそわかります。締め切った室(へや)で,人の動き回らないときだとことによくわかります。熱い湯ですと湯げの温度が高くて,周囲の空気に比べてよけいに軽いために,どんどん盛んに立ちのぼります。反対に湯がぬるいと勢いが弱いわけです。湯の温度を計る寒暖計があるなら,いろいろ自分でためしてみるとおもしろいでしょう。もちろんこれは,まわりの空気の温度によっても違いますが,おおよその見当はわかるだろうと思います。(以下省略)

寺田寅彦「茶わんの湯」

小宮豊隆編『寺田寅彦随筆集』(岩波文庫,1964年)より

随筆「茶わんの湯」は湯から立ちのぼる湯気の観察から始まり，月の暈，雲や霧の凝結核，そして，このあとは湯気の渦から竜巻や雷雲，モンスーンへと話は進む。茶わんの上で起こる大気の現象は，そのまま地球全体規模で起こる大気の現象を想起させる。

大気中で起こるさまざまな状態や現象のことを「**気象**」という。大気の状態とは気温や気圧，水蒸気の量などのことで，それらが変化することでさまざまな自然現象が生じる。つまり，身近な大気についての現象を観察することは地球全体の気象について理解するうえでも重要なことである。

(2) 地球の大気はどんな成分か

地球の大気の主成分は窒素と酸素である。水蒸気量を除くと，窒素が約78％，酸素が21％を占めているほか，アルゴンが1％ほど含まれている。この割合は高度約100kmまではほとんど変化しない。これは，この範囲の大気を構成する原子・分子が絶えず運動していてよく混ざり合っているためである。

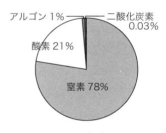

図14-2　大気中の成分

水蒸気の量は地表付近で約1～3％，二酸化炭素は約0.03％である。水蒸気と二酸化炭素は少量であるが，現在の地表の環境形成に大きな役割を果たしている。

地球の歴史を振り返ると，地球の大気もずいぶんと変遷してきている。地球が誕生した46億年前頃の大気は，おもにヘリウムと水素であった。地表の温度が低下し地殻ができると，多くの火山が盛んに噴火を繰り返し，二酸化炭素とアンモニアが大量に放出された。多少の窒素も含まれていたが，酸素は存在しなかった。この原始大気は二酸化炭素が大半を占め，微量成分として一酸化炭素，窒素，水蒸気などを含み，現在の金星の大気に近いものであったと考えられている。

43～40億年前頃には，温度が低下し大気に含まれていた水蒸気が雨として降り注いで海が形成されていった。大気に多く含まれていた二酸化炭素は原始の海に溶解し，減少していった。

その後生命が誕生し，光合成を行う生物が誕生すると，それらは水を分解して酸素を発生するようになる。さらに，二酸化炭素が生物の体内に炭素として蓄積されるようになり，長い時間をかけて過剰な炭素は化石燃料，生物の殻からできる石灰岩などの堆積岩といった形で固定されていった。さらに，植物が現れると酸素が著しく増え，二酸化炭素は大きく減少していった。

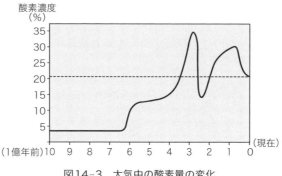

図14-3　大気中の酸素量の変化

（3）空の高さはどれくらいか

　空に浮かぶ雲はどれくらいの高さのところに浮いているのだろうか。大型ジェット機が飛ぶ高度は1万～1万3000ｍである。飛行機に乗っているとほとんどの雲は下になるが，巻雲，巻積雲，巻層雲など飛行機よりも上に雲が見えることもある。雲はできる高さ・形によって，大きく10種類に分けられているが，そのできる高度は図14-5のとおりである。

図14-4　空の雲
撮影）　田中千尋

　もっとも高い雲が現れる高度は，緯度によって違っている。熱帯地方であれば6～18km，温帯地方だと5～13kmである。このようにおよそ雲ができる範囲を**対流圏**と呼ぶ。この範囲では，高度が上がるにつれて気温が低下し，さまざまな気象現象が起こる。対流圏の上は**成層圏**（～50km）と呼ばれる。成

層圏では，今度は高度とともに気温が上昇する。強烈な上昇気流で作られる積乱雲（入道雲）は成層圏まで達すると，それ以上，上昇して雲を作ることができず，頭がつぶれた「かなとこ雲」となる。

成層圏になると上昇するにつれて温度が上がるのは，オゾンが紫外線を吸収することで大気が加熱されているからである。有害な紫外線の多くを吸収する成層圏のオゾン層は地球上の生物にとって欠かすことができないものである。高度が上がるにつれて上昇する基本は約50kmで極大になる。

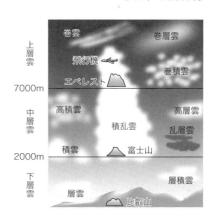

図14-5　雲の高さと名称

表14-1　雲の種類

巻雲	けんうん	春や秋に見られ，風が強い日にきれいな形で見られる。天気が崩れる前兆となることもある。
巻層雲	けんそううん	空を広く覆う白いベール状の雲で数時間後に雨を降らせたりする。
巻積雲	けんせきうん	全体的に薄く，鱗のように細かくうろこ雲とも呼ばれる。1，2日後に雨を降らせることがある。
高積雲	こうせきうん	ひつじ雲とも呼ばれ，薄い板状や丸みのある塊でできている。巻積雲と同様にうろこ状に見える。
高層雲	こうそううん	太陽や月の形をぼやかす灰色の雲。おぼろ雲とも呼ばれ，すぐに雨を降らす。
乱層雲	らんそううん	暗い灰色の雲で，雨雲と呼ばれる。太陽を隠してしまうほど厚く，弱い雨や雪を長く降らせたりする。
層積雲	そうせきうん	空の低いところにできる雲。暗い色の雲が大きな塊になって横に広がる。
層雲	そううん	霧のような雲で，山の中腹などにできる。一様な灰色の雲で，霧に似ている。
積雲	せきうん	もくもくと盛り上がった雲で，大きくなると積乱雲になる。夏の晴れた日に見られる。
積乱雲	せきらんうん	入道雲とも呼ばれ，低い場所で発生するが高さは10kmを超えることもある。集中豪雨や雷を起こすことがある。

成層圏の上には中間圏（～80 km）があり，再び高度とともに気温が低下する。中間圏の上は熱圏（～約800 km）がある。熱圏では，大気はひじょうに薄く，太陽からの電磁波などを吸収し温度が高くなる。また，気体の分子・原子が太陽からのX線，紫外線や太陽風に含まれる電子によって電離し，イオンと電子に分かれている。このような層のことをとくに電離層という。オーロラは，電離層の中で高速の荷電粒子が酸素原子や窒素分子に衝突したときに発光する現象であり熱圏で生じている。

　熱圏の外側にさらに外気圏を置く場合もある。国際航空連盟やNASAは，高度100 kmの外側を宇宙空間とする定義を使っており，国際宇宙ステーションは高度約400 kmの上空を飛行している。

　地球の半径はおよそ6400 kmであるが，雲ができたり気象にかかわる現象が起こっている対流圏は約10 kmほどでありひじょうに薄いことがわかる。

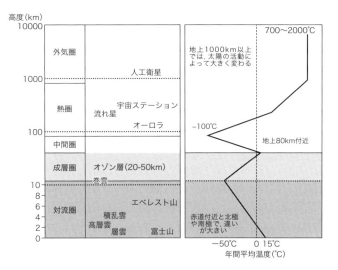

図14-6　空の鉛直構造と気温の変化

（4）雲はどんな形をしているか

空に浮かぶ積雲（わた雲）を想像して，絵に描いてみてほしい。

おそらく，綿菓子のようにモクモクした雲（図14-7左）を描いたのではないだろうか。それでは，本物の積雲（わた綿雲）を観察してみよう（図14-7右）。モクモクしているのは，雲の上のほうだけで多くの場合は雲の下は平らになっている。

図14-7　想像で描いた雲と実際の雲
右撮影）　田中千尋

雲の下面が平らになる理由を考えるために，雲のでき方をまとめてみよう。雲は，地上付近にあった空気の塊が上空に持ち上げられるときにできる。空

> **column** **指を使って雲の高さを測定しよう**
>
> 手を伸ばしたときの指の幅を使うとおおよその角度を測ることができる。
>
> 伸ばした手と雲の幅を比較して，人差し指の大きさであれば約2度，小指ほどの太さであれば1度になる。人差し指から小指まで4本そろえた幅は約5度，両手を並べれば10度を作ることもできる。
>
>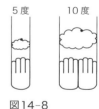
>
> 図14-8
>
> ぽっかり浮かんだもこもこした雲を見つけて，角度を測ってみよう。雲が小指の幅におさまれば「巻積雲（うろこぐも）」であり，高度は約10km程度である。そこから出れば「高積雲（ひつじぐも）」であり，雲ができている高さはおおよそ2〜7kmである。さらに大きなものは「積雲」であり，2kmよりも低いところにあることが多い。

気が上空に上昇していくと周囲の気圧が低くなり膨張する。膨張すると気温は下がり，空気のある温度まで低下したところで雲ができ始める。空気が上昇したときの温度の下がり方には規則性があり，およそ100m上昇するごとに1℃下がる。また，雲ができ始めると0.5℃ずつ下がる。

空気を冷やしていったとき水滴が出てくる温度を**露点**という。このとき湿度は100％となる。一定の空気中に含むことができる水蒸気の量は温度によって決まっており，水蒸気が入りきらなくなる限界の状態が飽和である。また，そのときの1m³あたりの水蒸気の量を**飽和水蒸気量**という。

雲粒と雨粒の大きさ

空で雲や霧ができるには，空気中の水分の量が多く，気温が露点以下に下がることが重要である。また，空気中にある塵やほこり，火山灰，工場の煙などが，雲となるための小さな凝結核となる。この凝結核に水蒸気が凝結して雲粒ができ，それらが上昇気流

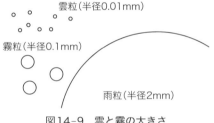

図14-9　雲と霧の大きさ

の中で合体を繰り返してより大きい雨粒にまで成長して地上に落ちてくる。

熱帯地方や日本の夏にときおり見られるスコールという激しい雨は，海水のしぶきに含まれる塩の粒を核として大きな水滴ができ，それが強い上昇気流の中で衝突や併合を繰り返し大粒の雨となる。

雲粒と霧粒の代表的な大きさは，それぞれ約半径0.01mm，0.1mmである。これらの数値をもとにすると1個の雨粒ができるためにはおよそ800万個もの雲粒が，また1個の霧粒ができるためには8000個の雲粒が必要であることがわかる。雨粒の大きさは，以下の方法で観察することができる。

①小麦粉を茶こしでふるってプラスチックケースの中に1cmくらいの厚さで入れる。
②雨の中に数秒間おいて，雨粒を受け止める。
③ふたを閉めて，ケースを軽くゆする。
④ケースの中の小麦粉を茶こしでこし，残った雨粒の塊を取り出す。

雲の写真を，もう一度見てみよう。平らになった雲の底面は上昇気流に支えられている。仮に，雲の高度が下がったとしたら温度が上昇し雲は消える。ちょうど雲の下の面は湿度が100%，つまり露点になる高さの場所で雲ができているのである。そのため，雲の底面は平らになっている。

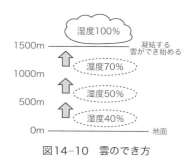

図14-10　雲のでき方

2　天気

（1）天気は西から変わるのはなぜか

日本付近の天気は西から変化していくため，西の空を観察すればその後の天気予報ができることが多い。それは，日本が偏西風の影響を受ける地域に位置していることと関係している。

地球上の大気は，赤道付近では空気が暖められ，暖かい空気が上昇気流となることで気圧が低くなる。逆に，極付近では冷たい空気が下降気流となり気圧が高くなる。そして全体として暖かい空気が赤道から極付近，冷たい空気が極付近から赤道へという大きな流れができている。

実際には，地球の自転などの影響で，地球上には赤道と極付近との間に，気圧の高いところと低いところが交互に帯状に分布し，低緯度，中緯度，高

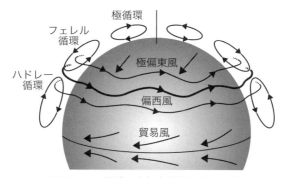

図14-11　地球の大気大循環のイメージ

緯度で3つの大気の循環ができている。

　北半球では，高気圧からは風が右に曲がりながら吹き出すので，極側から順に，東寄りの風（極偏東風），西寄りの風（偏西風），東寄りの風（貿易風）が吹くことになる。日本の上空を吹く偏西風は，極偏東風や貿易風に比べて複雑な動きをし，らせんを描くように流れる。日本付近の大気は，この偏西風の影響を受けて，西から東に天気が変化していく。

(2) 日本の天気にはどんな特徴があるか

　日本では，毎日テレビニュースで天気予報が放送され，新聞に天気予報の欄が掲載されている。しかし，世界的に見るとそれは常識ではない。たとえば東南アジアの国の中には，雨季には毎日夕方に雨が降り，乾期には雨がまったく降らないといったお決まりの天気の国がある。そのような国では天気予報はあまり必要ではない。

　日本には四季があり，天気は変化に富んでいる。これは日本が広大な大陸と広大な海洋の境界にあり，周辺で特徴がある3つの気団が発達と衰退を繰り返すこと，中緯度にあり偏西風の影響を大きく受けることと深く関係して

---

column　過飽和と雲核の役割

　　過飽和の水蒸気が水滴に姿を変えるときには，拠り所となる足場が必要になる。その役目をするのが空気中に浮かんでいる塵で，これを凝結核という。とくに雲粒を作る芯になるものを雲核という。雲核のはたらきを調べるために，台所にあるもので雲を作ってみよう。
　　準備物
　　コーヒーカップ，台所用洗剤，お湯，ストロー，ライト，線香，マッチ，注射器
　　方法
　　①コーヒーカップの口までお湯を入れ，その中に洗剤を入れる。
　　②ストローで大きなシャボン玉を作る。
　　③周りを暗くして，ライトでシャボン玉を照らす。
　　④時間とともに雲粒が減ってきたら，注射器で部屋の空気を中に入れる。
　　　（線香の煙などを入れると，さらによく観察できる。）

いる。また，梅雨や台風など特定の時期に降水が多く見られる。近年では，ゲリラ豪雨による被害も多くなっているが，これらの降水は一方では重要な水資源の役割も担っている。たとえば，雨台風と呼ばれる大きな台風1つが日本列島を通過するときにもたらす総降水量は，年間に全国で使用される生活用水の総量に匹敵する。

　図14-12の4つは，日本の天気の特徴を表す代表的な天気図である。それぞれ，どの季節の天気図だろうか。

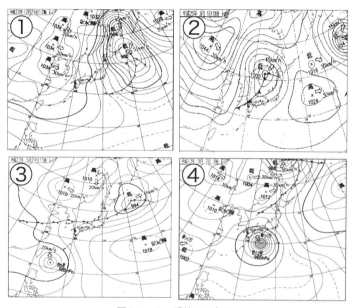

図14-12　季節の天気図

①冬の天気

　①の天気図では，シベリア気団が発達し日本を挟んで西側の大陸上に高気圧，東側の海洋上に低気圧がある西高東低の気圧配置が現れている。等圧線が縦に並び，シベリア気団の冷たい空気が強い北西の季節風となって日本を吹き抜ける。

　冬の季節の空気は，大陸では冷たくて乾いているが，日本海をわたるとき

に比較的温かい日本海の海水から大量の水蒸気を供給し，雲を発生させる。この雲は日本列島へと押し流され，山脈に沿って上昇して積乱雲となって，日本海側に雪を降らせる。雪を降らせた空気は水蒸気を失って再び乾き，太平洋側へと流れていくので太平洋側は晴れの天気になる。

②春の天気

②の天気図では，日本付近を移動性高気圧と低気圧が交互に通過していくようすが見て取れる。シベリア気団の衰えによって，偏西風の影響が強くなるためである。天気は短い周期で変化して，晴天も長続きせず，すぐに低気圧がやってきて天気が崩れる。秋の天気も似たような特徴を持つ。

③梅雨

③の天気図では，東西に長く伸びた停滞前線（梅雨前線）が現れている。冷たくて湿ったオホーツク海気団と暖かくて湿った小笠原気団が接するところに前線ができる。この前線上に低気圧が次々に発生し，西から東に移動していくため，前線付近ではぐずついた雨の日が続き，ときには南からの湿った空気が梅雨前線に吹き込みゲリラ豪雨となる。9月の小笠原気団が次第に衰えてくるところにも停滞前線が現れる。この時期に現れる停滞前線を秋雨前線といい，雨の降るぐずついた天気が多くなる。

④台風

④の天気図では，南方の海上に勢力の強い低気圧が見られる。前線を伴わない低気圧の「台風」である。日本の南方海上で発生した低気圧のうち，最大風速が秒速17.2mになったものを**台風**という。台風付近ではその中心に向かって大量の湿った空気が激しく流れ込み，中心付近に強い上昇気流が発生する。このため，広い範囲にわたって積乱雲が発達し，強い風を伴った激しい雨が降る。

(3) 台風はどのようにしてできるのか

台風は海面水温が26℃〜27℃の熱帯の海で生まれる。熱帯の海では，太陽の強い日差しを受け，海面から大量の水蒸気が蒸発している。水蒸気を大量に含んだ高温の空気は上昇気流となって上空に昇る。そして上空で冷やされて雲粒となり，大量の積雲，積乱雲を作る。

台風の中では，上空で水蒸気が雲粒となるとき発生する大量の熱がさらに空気を暖めることで強烈な上昇気流が作り出されている。そこには周りから空気が流れ込み，地球の自転の影響を受けて（北半球では）左巻きの激しい空気の渦ができる。さらに，温かい海からは次々と水蒸気が補給され多くの雲ができ，台風の中心に吹き込む風もどんどん強くなる。

　北上して海水温が熱帯よりも低い日本付近にくると，海面から蒸発する水蒸気の量が少なくなる。このためエネルギーを補給することができず，台風は衰退して温帯低気圧となる。

　台風の風は，一般に中心に向かうほど風速が強くなり，風の力も大きくなる。台風は反時計回りに強い風が吹いているので，進行方向に向かって右側では，台風自身の風と台風を移動させる周りの風が同じ方向に吹くため風が強くなる。逆に左側では台風自身の風が逆になるので，右側と比べると風速が幾分小さくなる。したがって，台風が居住地のすぐ西側を通過するときにはとくに注意が必要である。

　図14-13は，2003年9月10日から11日にかけて台風14号が通過したときの，宮古島の海面の気圧と風速の変化である。台風が近づくと徐々に気圧が下がり，風速は大きくなっていく。11日の午前5時頃に台風の中心が宮古島を通過し，気圧が急激に下がっている。この台風は，気象台の記録で最大瞬間風速が74.1mを記録し，大きな被害が起きた。

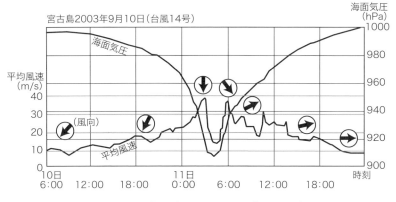

図14-13　台風が通過したときの気圧と風速

> 確認問題

1 青空に雲が浮かんでいるときに雲を観察し，10種類の雲の形や高さを調べなさい。
2 1週間継続して天気を観測し，新聞などに掲載される天気図と気象衛星画像を入手して，天気の変化を実測とデータからまとめなさい。できれば，年間を通じて行い，春や台風など，特徴的な天気を調べると望ましい。
3 コラムやエッセイに書かれた実験を行い，雲や霧のでき方を観察しなさい。

より深く学習するための参考文献
・青木正博監修『地球の不思議を科学する』誠文堂新光社，2011年
・有馬朗人他『理科の世界』大日本図書，2013年
・石渡正志・滝川洋二『発展コラム式　中学理科の教科書』講談社，2013年
・磯崎行雄他『地学基礎』啓林館，2013年
・木村龍治監修『気象・天気の新事実』新星出版社，2014年
・下山紀夫・太田陽子『親子で読みたいお天気のはなし』東京堂出版，2009年
・田中豊顕『雨のふるしくみ』岩崎書店，1998年
・饒村曜監修『こんなにためになる気象の話』ナツメ社，2003年
・細矢治夫他『自然の探究』教育出版，2013年
・宮澤清治『天気図と気象の本』国際地学協会，2001年
・村松照男『台風のエネルギー』岩崎書店，1998年

執筆分担（2022年10月31日現在）

石井恭子（いしい・きょうこ）＝編著者，第1章，第2章，第5章
玉川大学教育学部教授

山田吉英（やまだ・よしひで）＝第1章，第2章，第3章，第4章，第5章
福井大学教育学部准教授

薗部幸枝（そのべ・ゆきえ）＝第6章，第7章，第8章
お茶の水女子大学附属中学校教諭

増田伸江（ますだ・のぶえ）＝第6章，第7章，第8章
岩手大学教員養成支援センター特命教授

市川直子（いちかわ・なおこ）＝第9章，第10章，第11章
玉川大学教育学部准教授

南部隆幸（なんぶ・たかゆき）＝第12章，第13章，第14章
福井市森田小学校教頭

教科力シリーズ

小学校理科

2016年2月25日　初版第1刷発行
2022年12月25日　初版第3刷発行

編著者 ——— 石井恭子
発行者 ——— 小原芳明
発行所 ——— 玉川大学出版部

〒194-8610　東京都町田市玉川学園6-1-1
TEL 042-739-8935　FAX 042-739-8940
http://www.tamagawa-up.jp/
振替：00180-7-26665

装幀 ————— しまうまデザイン
印刷・製本 ——— 株式会社ユー・エイド

乱丁・落丁本はお取り替えいたします。
Ⓒ Kyoko Ishii 2016　Printed in Japan
ISBN978-4-472-40503-7 C3337 / NDC375